Russische Küche

EHERNER REITER
Sankt Petersburg

INHALT

Die heutige Vorstellung von der russischen Küche ist durch modische ausländische Einflüsse stark verwässert. Auch jetzt ist die «neue russische Küche» im Trend, die sich aufgrund der am Markt entstandenen Nachfrage herausgebildet hat und die darauf aus ist, aus den Rahmen der authentischen russischen Kochkunst auszubrechen. Aber in der Regel ist jede Mode eine vergängliche Erscheinung – ist die Nachfrage nach dem Echten der Zeit ja nicht untertan.

Der vereinfachte Blick des modernen Durchschnittsmenschen greift aus der mächtigen Kulturschicht der russischen Kochkunst nur »Schtschi und Kascha« heraus, und alles, was im Umkreis liegt. Für das tiefergehende kulinarische Erbe unserer Vorfahren interessiert er sich kaum. Vor diesem Hintergrund finden wir es sehr patriotisch und angebracht, uns mit der Popularisierung der russischen Kochkultur zu befassen. Lassen wir die unnötige Bescheidenheit beiseite und sagen es so, wie es ist: Wir betreiben hier Aufklärungsarbeit.

Die ganze Zeit (das Restaurant »Podworje« ist mehr als 20 Jahre alt) sind regelmäßige Berufsseminare der interessanteste Bestandteil unserer Arbeit. Ihr Ziel ist das tiefgehende Studium der multinationalen russischen Kochkunst. Durch diese langjährigen professionellen Diskussionen und Forschungen kommen alte Gerichte zum Vorschein und werden neue geboren, die vom ersten bis zum letzten Gramm genuin russisch sind und die wir als Zierde unserer Speisekarte verstehen.

Unser Lehrer und Leiter bei dieser Arbeit ist ohne Zweifel William Wassiljewitsch Pochljopkin, der Meister der russischen Kochkunst. Das Erbe dieses bemerkenswerten Gelehrten können wir dem modernen Gestirn ambitionierter Köche, deren Sprache und Kultur die russische ist, nur empfehlen.

Gastronom und Philanthrop,
Besitzer des Restaurants »Podworje«
Sergej Gutzeit

AUS DER GESCHICHTE DER RUSSISCHEN KÜCHE

In den unendlichen Weiten zwischen dem Weißen und dem Schwarzen Meer, zwischen der Ostsee und dem Pazifik leben in Nachbarschaft zu anderen Völkern die Russen – nach Sprache, Kultur und Bräuchen eine einheitliche Nation. Eine unabdingbare Bedingung für die Selbstidentifizierung eines jeden Volkes ist die Küche, denn in ihr spiegeln sich in konzentrierter Form Geschichte und Lebensbedingungen wider. Die russische Küche ist hier keine Ausnahme. Bereits am Ende des 18. Jahrhunderts gab es die Meinung, eine charakteristische Besonderheit der russischen Küche sei die Reichhaltigkeit, und die Russen würden mehr und öfter essen als die Bewohner Asiens und zwei-dreimal so viel wie die Franzosen. Um das überaus reiche Sortiment der russischen Küche zu beschreiben, bräuchte es Bände. Die Aufgabe dieses Buches war nicht nur, eine Sammlung der besten russischen Gerichte zusammenzustellen, sondern auch die unverwechselbare Atmosphäre unseres Landes wiederzugeben. Wer schon einmal in Russland war, wird an die eigentümliche Lebensweise der Russen und ihre nationalen Bräuche sowie die hier herrschenden Traditionen der Gastfreiheit erinnert. Die Hauptetappen in der Entwicklung der russischen Küche sind leicht aufgezählt. Nach der von W. Pochljopkin, dem Haupt der russischen

A. Rjabuschkin. *Festmahl der Recken*. 1888

K. Makowski. *Hochzeitsmahl der Bojaren im 17. Jahrhundert*. 1883

S. Serebrjakowa. *Bauern. Mittagessen.* 1914

Kochkunst-Wissenschaft, vorgeschlagenen Klassifikation steht die erste Etappe mit der Geschichte der Alten Rus zwischen dem 9. und dem 16. Jahrhundert in Zusammenhang,

Die altrussische Küche war im Laufe ihrer fünf Jahrhunderte andauernden Biografie von einer außerordentlichen Homogenität geprägt, und das betraf den Tisch des einfachen Volkes und das Speisesortiment des Adels gleichermaßen – der einzige Unterschied lag darin, dass die Höhergestellten über eine größere Anzahl von Gerichten verfügten. In dem Land, wo der Getreideanbau die wichtigste Rolle spielte, bildeten Mehlerzeugnisse den Grundstock bei der Ernährung: Piroggen, Pfannkuchen, Oladji aus gegorenem Teig, schwarzes Roggenbrot auf Kwas- und Sauerteiggrundlage sowie Getreidegerichte, vor allem Breie. Letztgenannte hatten rituellen Status und wurden bei Hochzeiten und Beerdigungen, bei Grundsteinlegungen für Kirchen und deren Weihung, usw. gereicht. Das an der Überschneidung der Wege von Europa nach Asien gelegene alte Russland war stets offen für Kontakte mit anderen Kulturen. Deshalb fanden bereits im Mittelalter Gerichte wie Nudeln und Pelmeni einen ganz natürlichen Eingang in die russische Küche, entliehen von Tataren und Ugro-Finnen an der Kama (Permjaken). Mit der Zeit wurden sie unabdingbarer Teil der russischen Nationalküche.

B. Kustodijew. *Moskauer Schenke.* 1916

Bereits im frühen Mittelalter kam es zu einem Ereignis, das einen enormen Einfluss auf den gesamten weiteren Weg der russischen Küche ausübte – gemeint ist die Aufteilung der Gerichte in Fasten- (Pflanzen und Fisch) und Nichtfasten- (Milch, Eier, Fleisch) Speisen. Da es eigentlich fast immer Fastenzeiten gab, waren die russischen Menschen gezwungen, die Phantasie in Gang zu setzen, um das Nahrungssortiment zu bereichern. Alle vorhandenen Gemüsekulturen – Kohl, Rüben, Rettich, Erbsen und Gurken – wurden eingelegt, gekocht, gebacken. Auch Pilze und Fische wurden eingelegt und gekocht. Dabei wurden die Produkte stets einzeln verarbeitet. So wurde Ucha immer aus einer einzigen Fischsorte zubereitet, die der Suppe den jeweiligen Namen gab. Das Verfahren der getrennten Zubereitung war der russischen Küche so stark zu Eigen, dass es sich teilweise bis heute erhalten hat. Sogar die heute so beliebten Salate – eine rein europäische kulinarische Mix-Angelegenheit – fanden nur langsam Eingang in das allgemeine Bild.

Im Mittelalter passierte noch etwas, von dem das Gesicht der russischen Kochkunst bis heute geprägt wird, nämlich die Verbreitung von flüssigen Heißgerichten in der Alten Rus. Die Schtschi bildeten dabei den Kontrapunkt – das Fazit und die Quintessenz der langjährigen kulinarischen Erfahrung der Russen. Die Rolle der Schtschi als Bestätigung des Renommees der russischen Küche in der internationalen Arena ist derart mächtig, dass man gemäß des bekannten Sprichworts sagen kann: »Würde es sie nicht geben, müsste man sie erfinden.«

Natürlich nahmen die fast immer fastenden Russen wenig Fleisch zu sich. Milch wurde roh, gebrüht oder sauer getrunken; daraus wurden Quark und Sauerrahm zubereitet. Einer der wenigen süßen Leckerbissen war der Prjanik (Lebkuchen) – diese russische Nationalspeise wurde auf Basis von Honig und mit Mehl, Butter und Eiern verrührten Beeren gebacken.

Im Mittelalter bildete sich auch das Hauptspektrum der Nationalgetränke heraus – Met, Kwas, Bier und Wodka.

Zu Beginn des 17. Jahrhunderts herrschte die Zeit der Wirren, die fast zum Zusammenbruch des Russischen Reiches geführt hätte. Damals starb fast die gesamte Bevölkerung aus und um Moskau trieben riesige Herden wilder Tiere ihr Unwesen. Die patriarchalische Lebensweise der Alten Rus bekam einen heftigen Schlag versetzt. Die russische Küche erholte sich davon dank der genauen Aufsplitterung nach dem Stände-Prinzip. Damals bildeten sich die kulinarischen Prinzipien heraus, die bis Anfang des 20. Jahrhunderts dominieren sollten und im Moskauer Kaufmanns-Viertel Samoskworetschje – dieser »Oase« der Alltagskultur der alten Hauptstadt – besonders kultiviert wurden.

Auf Basis der Schule der vorangegangenen Jahrhunderte werden komplexe Varianten alter Gerichte geschaffen, und erstmals kommt es zur Übernahme einiger ausländischer Speisen. Der reiche Festtagstisch wird durch am Spieß zubereitete Gerichte wie gebratenes Fleisch, Geflügel und Wild ergänzt. Es kommen Suppen auf, die mit Sauerkraut, Zitronen und Oliven den Katzenjammer vertreiben sollen und so schöne Namen wie Pochmelka, Soljanka und Rassolnik bekommen. Ihr Entstehen zollt der in der zweiten Hälfte des 16. Jahrhunderts aufkommenden allgemeinen Trunksucht Tribut.

Im Zusammenhang mit der Expansion des russischen Staates nach Osten und dem Anschluss der Khanate von Kasan und Astrachan, von Baschkirien und Sibirien an Russland kommt es zur Bereicherung der russischen Küche durch die tatarische: auf dem Fastentisch des Adels tauchen nun Astrachaner Fleischbraten, schwarzer Ural-Kaviar (gepresst und gekörnt), Salz- und Gelee-Lachs, Lachs von der Halbinsel Kola, sibirischer und Weiß-Lachs und Baikal-Omul auf.

Die »hohe« russische Küche der Bojaren und besonders der Zaren war damals äußerst vielfältig und zählte zuweilen bis zu 200 Gerichte, bei der

B. Kustodijew. *Kellner. Aus der Serie »Rus. Russische Typen«.* 1920

B. Kustodijew. *Kaufmannsfrau beim Tee.* 1918

Zubereitung war die Vielfalt jedoch begrenzt. Nach wie vor sind zusammengesetzte Speisen nicht gefragt. Bis zum 18. Jahrhundert behält ein Gericht in Form eines großen, ganzen Stücks oder besser noch eines ganzen Tieres oder einer ganzen Pflanze kulinarische Priorität.

An der Wende vom 17. zum 18. Jahrhundert bricht die Küche der herrschenden Klassen endgültig mit den nationalen Traditionen und schließt sich den westlichen gastronomischen Normen an. Ihre Träger sind holländische und deutsche und später englische und hauptsächlich französische Köche, die die leibeigenen Köchinnen ablösen. Der Ofen, in dem alles einen ganz besonderen Geschmack und ein ganz eigenes Aromat bekam, wird vom Herd abgelöst. Symbol für die Europäisierung der russischen Speisekarte war der endlich errungene Sieg von zerkleinertem Fleisch und Mix-Gerichten. In Umlauf kommen Frikadellen, Pasteten, Rouladen, Mus, Gelee, Senf, Mayonnaise, usw.

In Russland kommt ein ganz neues kulinarisches Phänomen zum Vorschein – Vorspeisen als völlig vom Hauptessen isolierte und eigenständige gastronomische Form. Alle diese Neuerungen machen sich am ausgeprägtesten in der Ration der Bewohner von St. Petersburg, der Hauptstadt des Russischen Kaiserreiches, bemerkbar. Petersburg avanciert im letzten Viertel des 18. Jahrhunderts zum Tonangeber in der kulinarischen Mode und bleibt dies bis in die 1860er Jahre hinein.

In der zweiten Hälfte des 19. Jahrhunderts setzt sich dank der glänzenden französischen Kochprofis, die in Russland arbeiten, ein äußerst fruchtbarer rückläufiger Prozess in Bewegung: es kommt zur Rehabilitation der nationalen Kochtraditionen. Gerichte aus gemahlenen und geriebenen Produkten werden durch naturbelassene ersetzt, die dem wahren Charakter der russischen Küche besser entsprechen. Koteletts aus einem ganzen Stück Hammel- oder Schweinefleisch und Steaks aller Art kommen in Mode. Dank der Verwendung von französischer gepresster Hefe geht der Sauerteig, für dessen Zubereitung man vorher 10–12 Stunden brauchte, innerhalb von zwei Stunden auf. Als Vorspeisen werden so viele alte russische

Fleisch-, Fisch- und Pilzgerichte nebst eingelegtem Gemüse reanimiert, dass ihre Fülle und Vielfalt bis heute Erstaunen hervorruft. Das Sortiment der russischen nationalen Suppen – Schtschi, Pochljobka, Ucha, Soljanka, Rassolnik, Botwinja, Okroschka, Tjur – wird durch verschiedene Arten westeuropäischer Bouillons und Püree-Suppen mit Fleisch und Gries ergänzt. Das im Norden beheimatete russische Volk mit seiner Vorliebe für sättigende flüssige Nahrung nahm sie gern an.

Nachdem 1861 die Leibeigenschaft aufgehoben wurde, erlebten alle Wirtschaftsbranchen einen stürmischen Aufwind, darunter der Eisenbahnverkehr. Damit rückte das zentrale Russland den Außengebieten wesentlich näher. Pelmeni aus dem Ural und Sibirien, Piroggen vom Don und Gerichte aus großem Steppenwild, Fernost-Buckellachs und Ketakaviar, eingelegte Hirschlinge aus Kargopol und Elchfleisch aus Murmansk, Honig aus Baschkirien und Kumys fanden Eingang in die russische Küche. Am Ende all dieser Prozesse hatte die russische Küche eine äußerst vielfältige und erneuerte Gestalt angenommen. Nicht nur wegen der Originalität der Gerichte, sondern auch dank ihres feinen und erlesenen Geschmacks nahm sie einen der vorderen Plätze in Europa ein und stand auf einer Stufe mit der französischen Küche. Deshalb ist der Wunsch, die russische Küche zu »destillieren« und sie dabei von ausländischen und regionalen Einflüssen zu befreien oder sie in eine traditionelle und eine moderne aufzuteilen, genauso unproduktiv wie der Versuch, die russische Sprache von ausländischer Wortgeschichte zu säubern. Ungeachtet der von außen hinzugekommenen Faktoren blieb das Wesen der russischen Küche intakt; sie hat sich behauptet und ihre typischen nationalen Eigenschaften bewahrt. Die kulinarischen Traditionen Russlands sind in neuester Zeit nicht verlorengegangen. Sie wurden in der Gastronomie der Emigranten und so weit wie möglich in der sowjetischen Küche kultiviert, die den Bürgerkrieg und den Zweiten Weltkrieg durchlebte. Auch unter den Bedingungen der Nachkriegsnot und der Mangelwirtschaft der Zeit danach hielt sie stand. Nach wie vor steht in der russischen kulinarischen »Sinfonie« das Brot ganz vorn, besonders das schwarze Roggenbrot, das auf keinem russischen Tisch fehlen darf. Auf der russischen Bühne spielen immer noch Bliny, Piroggen, Kascha und natürlich kalte und warme Suppen eine zentrale Rolle. Der russische Tisch ist auch berühmt für seine Vielfalt an Fisch- und Pilzgerichten, Gesalzenem aus Gemüse und Pilzen, Wild und gebratenem Geflügel, Konfitüren, Pfannkuchen und Oladji.

P. Kontschalowski. *A. Tolstoi zu Gast bei dem Künstler.* 1941

RUSSIAN

VORSPEISEN (SAKUSKAS) UND SALATE

Eine Fülle an Vorspeisen, vor allem kalter, ist charakteristisch für die russische Küche. Sie dürfen weder im Alltag noch bei einem Festschmaus fehlen. Die Gäste kommen in Russland an einen mit allen nur erdenklichen Vorspeisen gedeckten Tisch; die restlichen Gerichte werden im Laufe der Vertiefung in den »Ess-Prozess« serviert. Aber so war es nicht immer: was heute als »Sakuskas« bezeichnet wird, brachten im 18. bis 19. Jahrhundert ausländische Köche in die russische Küche ein. Mit der Zeit wurde das Vorspeisen-Sortiment durch rein russische kulinarische Formen bereichert: Piroggen, Sülzen, Salate aus authentischen Gemüsesorten.
Übrigens waren auch Salate nicht typisch für die kulinarischen Traditionen der alten Rus. Die bereits seit dem 10. Jahrhundert bekannten Erbsen, Rüben und Rettiche wurden roh, gekocht, gedämpft oder gebacken zubereitet, ohne sie zu vermengen. Erst Anfang des 19. Jahrhunderts kam der Vinaigrette-Salat auf, den man heute als rein russischen Salat bezeichnen kann, und noch später der Schichtsalat »Hering im Pelz«. Zur Symbiose der französischen und russischen Traditionen wurde der sowjetische Salat-Hit »Olivier«, der in Russland bis heute beliebt ist.
Weil die Aufgabe von Vorspeisen ist, den Appetit zu wecken, spielt ihre äußere Aufmachung eine große Rolle. Sakuskas und Salate grenzen in der russischen Küche an die Kunst des Designs. Vorspeisen und Salate werden unbedingt mit den Zutaten garniert, aus denen sie bestehen, und natürlich auch mit Kräutern.

GESALZENER LACHS

3 PORTIONEN
500 g Lachsfilet
1 EL (gehäuft) Salz
0,5 EL Zucker

Es gibt verschiedene Methoden, Lachs einzusalzen, darunter im ganzen Stück, aber wir schlagen die schnellste vor.
Den Fisch enthäuten und entgräten, in dünne Stücke schneiden, in mehreren Schichten in ein spezielles Gefäß legen und jede davon mit der Mischung aus Salz und Zucker bestreuen. Den Fisch abdecken und 2 Stunden stehenlassen, aber nicht im Kühlschrank. Danach ist er zum Verzehr bereit. Der Lachs schmeckt am besten auf mit Butter bestrichenem Brot, mit Dill und Blattsalat. Nicht länger als 5 Tage im Kühlschrank aufbewahren.

HEISS GERÄUCHERTER STÖR

6 PORTIONEN
1 kg Störfilet
1 TL Salz
Räuchermehl

Der Stör wird nicht umsonst als Zarenfisch bezeichnet. Er enthält so viele für den Menschen wertvolle Aminosäuren, Vitamine und Mineralstoffe, wie kein anderer Fisch. Er enthält zum Beispiel Verbindungen, die Erkrankungen der arteriellen Gefäße vorbeugen. Stör ist ein unersetzliches Diät-Produkt mit einer idealen Balance an Nahrungs- und Energiewerten. Aber vor allem ist das Fleisch des Störs eine Delikatesse, ein seltener Leckerbissen von unvergleichlichem Geschmack.

Wer eine Räucherkammer hat, kann den Stör selbst räuchern, aber weil es unter häuslichen Bedingungen schwierig ist, wird oft auf den Backofen und Räuchermehl zurückgegriffen, das es zu kaufen gibt. Das Störfilet salzen, in Alufolie einschlagen und erst einmal 2 Stunden bei Zimmertemperatur stehenlassen, und danach für 24 Stunden in den Kühlschrank stellen. Dann den Fisch aus der Folie nehmen, mit Räuchermehl bestreuen, ihn erneut in die Folie wickeln und 40 Minuten bei 180 Grad braten. Den Stör aus dem Ofen holen, abkühlen lassen, aus der Folie nehmen und mit Kräutern, Blattsalat und Gemüse servieren. Zu heiß geräuchertem Stör passt auch gut Meerrettich.

GEKOCHTER STÖR MIT MEERRETTICH

4 PORTIONEN
700 g Störfilet
1 Zwiebel
2 Möhren
50 g Butter
Petersilie nach Geschmack
Für die Sauce:
1 Glas Milch
50 g Butter
1 EL Mehl
1 Zwiebel
20 g geriebenen Meerrettich
1 Zitrone
Küchenkräuter, Zucker und Salz nach Geschmack

Den Stör auftauen (nur im Kühlschrank, damit er seine Schmackhaftigkeit nicht verliert!) und 1 Stunde in kaltem Wasser halten. Den Fisch mit frischem Wasser übergießen, das gesalzen und zum Kochen gebracht wird. Die Zwiebel, Petersilie, Meerrettichwurzel und Pfeffer in den Topf geben, den Stör 25 Minuten auf kleiner Flamme kochen. In der Brühe abkühlen lassen, danach in Scheiben schneiden und mit gekochten Kartoffeln, Erbsen und Salatblättern auf einer Platte anrichten. Die Sauce getrennt zubereiten: die kleingeschnittene Zwiebel in Butter passieren, Mehl und heiße Milch hinzugeben und zum Kochen bringen. Den geriebenen Meerrettich mit kochendem Wasser übergießen und zusammen mit Zucker, Salz, Eigelb, Zitronensaft und Küchenkräutern in die Sauce geben.

GESALZENER HERING

4–5 PORTIONEN
2–3 mittelgroße Heringe
Für die Marinade:
4 Gläser Wasser
6 EL Salz
3 EL Zucker
3–4 Lorbeerblätter
10 Nelkenpfefferkörner

Der Hering ist ein oft gesehener Gast auf unserem Tisch. Er ist nicht teuer, und sein Nutzen für den menschlichen Organismus ist nicht zu unterschätzen. Es ist nicht schwierig, zuhause Hering zuzubereiten: Wasser kochen, Zucker, Pfeffer und Lorbeerblatt beigeben; auf kleinster Flamme 10 Minuten auf dem Herd köcheln lassen. Dann die Marinade abkühlen lassen und mit ihr den aufgetauten und gewaschenen frischen Fisch übergießen, der mit Innereien und Kopf in einem länglichen Gefäß liegt. In den Kühlschrank ins untere Fach stellen – und nach 3 Tagen ist der Hering fertig. Aus der Marinade holen, entgräten, in Stücke schneiden und mit Zwiebeln und Speiseöl vermengen.

MARINIERTE NEUNAUGEN

6 PORTIONEN
1 kg Neunaugen
1 Glas Mehl
Grobes Salz
Für die Marinade:
1,5 Gläser Wasser
2 EL Pflanzenöl
3 EL 9-prozentiger Essig
1 EL Zucker
1 EL Salz
5 schwarze Pfefferkörner
3 Nelkenpfefferkörner
3 Nelken
1 Lorbeerblatt
Salz und Pfeffer nach Geschmack

Die Fische mit grobem Salz einreiben, um die sie bedeckende Schleimschlicht zu entfernen. Köpfe und Schwänze entfernen, die Neunaugen in Stücke schneiden, diese in Mehl wenden. Auf ein mit Speiseöl gefettetes Blech legen. Die Neunaugen 30 Minuten bei 200 Grad im Backofen backen. Derweil die Marinade zubereiten: Öl, Zucker, Salz und Gewürze in Wasser geben und zum Kochen bringen. Den fertigen Fisch in die zuvor eingekochten Gläser füllen und die Marinade hinzufügen. Die Gläser verschließen. Zum Abkühlen mit einem Handtuch bedecken, dann in den Kühlschrank stellen, wo sie auch weiterhin aufbewahrt werden müssen. Nach 24 Stunden sind die Neunaugen durchgezogen und können verzehrt werden.

HERING IM PELZMANTEL*

4–5 PORTIONEN
2 mittelgroße Heringe
3 Kartoffeln
3 Möhren
3 kleine Zwiebeln
3 kleine Rote Beten
4 EL Mayonnaise
2 EL Pflanzenöl
3 Eier
1 TL Senf
20 g Petersilienkraut
20 g Dillkraut
20 g Schnittlauch

Der traditionelle Schmuck eines jeden festlichen Beisammenseins.

Das Gemüse wird ungeschält gekocht, dann geschält und grob gerieben. Den Hering putzen und entgräten. Das daraus entstandene Filet und die Zwiebeln in mittelgroße Würfel schneiden, unter Beigabe von Speiseöl verrühren und auf einen Teller legen. Die Kartoffeln auf den Hering mit Zwiebeln legen, sie mit dem mit Senf vermengten Öl beträufeln, mit Dill und dem geriebenen Ei bestreuen und mit Mayonnaise bestreichen. Die nächste Schicht sind die Möhren, die gleichmäßig mit der Mischung aus Hering und Zwiebeln bedeckt werden, die wiederum mit Mayonnaise bestrichen wird. Auf die oberste Schicht kommt die Rote Bete, darauf Mayonnaise und zuoberst kleingehacktes Ei. Vor dem Servieren den Teller mit Lauch und Kräutern garnieren. Frische Rote Bete kann bei diesem Rezept durch eingelegte ersetzt werden.

* Mit einem Sternchen sind Rezepte aus der Küche des Petersburger Restaurants »Podworje« gekennzeichnet.

SCHWARZER KAVIAR

Im alten Russland stand Kaviar nicht nur bei Adligen auf dem Tisch, sondern auch bei einfachen Leuten. Damit wurden – gemäß althergebrachter russischer Tradition – vor allem Pfannkuchen gefüllt. Heute zählt schwarzer Kaviar zu den teuersten Delikatessen und gesündesten Nahrungsmitteln. Es gibt drei Arten: Beluga, Ossetra und Sevruga. Nach Art der Verarbeitung wird körniger, gepresster und Eierstock-Kaviar unterschieden. Bei der Zubereitung von Kaviar muss die Salzmenge richtig berechnet werden: es dürfen nicht mehr als 8 Prozent sein.

Schwarzen Kaviar isst man am besten zum Wodka, in Europa und Amerika wird dazu jedoch Champagner gereicht.

ROTER KAVIAR

So wird der Kaviar der Fernostfische aus der Familie der Lachse bezeichnet – Buckellachs, Ketalachs, Rotlachs, Forelle, Kisutsch. Roter Kaviar ist ein sehr wertvolles Nahrungsmittel, das einen Komplex an für den menschlichen Organismus notwendigen Vitaminen und Mikroelementen besitzt. Es gab eine Zeit, als die Bewohner des Fernen Ostens, die von dem Nährwert des roten Kaviars wussten, sogar ihre Schlittenhunde damit fütterten; heute ist er eine allgemein anerkannte Delikatesse. Roter Kaviar muss aber einen langen Verarbeitungsprozess durchlaufen, bevor er gesalzen und konserviert werden kann, deshalb sollte man nur Kaviar aus Fabrikherstellung konsumieren.

HERING IN MARINADE AUS FISCHMILCH*

4–5 PORTIONEN
2–3 Heringe mit Fischmilch
10 g Schnittlauch
Für die Marinade:
¾ Glas Wasser
0,5 TL Zucker
3 EL 9-prozentigen Essig
1–2 Zwiebeln
5 Nelkenpfefferkörner
5 Nelken
2–3 Lorbeerblätter
0,5 TL Senf

Den Hering putzen, die Fischmilch herausnehmen. Zur Zubereitung der Marinade Nelken, Lorbeerblatt, Nelkenpfeffer, Salz, Zucker und die kleingeschnittenen Zwiebeln in Wasser legen und 10 Minuten kochen. Essig dazugeben, nach dem Aufkochen ausschalten. Abkühlen lassen, in die bereits mit der Gabel zerdrückte und von der Haut gelöste Fischmilch gießen, Senf hinzugeben und sorgfältig durchrühren. Den in Stücke geschnittenen und in ein Glasgefäß gelegten Hering mit der Marinade übergießen und 2–3 Stunden an einem kühlen Ort ziehen lassen. Den Hering vor dem Servieren mit dem feingeschnittenen Lauch garnieren.

GEKOCHTE ZUNGE MIT MEERRETTICH

4 PORTIONEN
1 mittelgroße Rinderzunge
1–2 Zwiebeln
1 Möhre
Kräuter
1 Lorbeerblatt
Salz nach Geschmack

Die gut gespülte Rinderzunge in kochendes Wasser legen, die Flamme etwas kleiner stellen und 2–3 Stunden abgedeckt kochen, dann weitere 30 Minuten mit Möhren, Zwiebeln, Kräutern, später Salz und Lorbeerblatt köcheln, den Schaum entfernen. Die Zunge herausnehmen, abkühlen lassen und überflüssiges Fett und Haut entfernen. Fein schneiden und schön auf dem Teller anrichten – diese leckere Delikatesse ist alles andere als ein Nebenprodukt, besonders in Kombination mit Petersilie, Erbsen und natürlich 2–3 Löffeln Tafelmeerrettich (s. S. 31).

SALAT VINAIGRETTE MIT PFEFFERMILCHLINGEN*

4–5 PORTIONEN
3 Rote Beten
3 Möhren
3 Kartoffeln
2 kleine Zwiebeln
4 EL rohes Pflanzenöl
4 große gesalzene Pfeffermilchlinge
2 kleine Salzgurken
Eine Prise kleingehackte frische Petersilie
Schnittlauch und Salz nach Geschmack

Rote Bete, Möhren und Kartoffeln kochen und pellen. Sie und die Zwiebeln, Salzgurken und gesalzenen Pfeffermilchlinge in grobe Würfel schneiden. Umrühren, Öl und Kräuter beigeben. Zum Servieren mit dem Lauch bestreuen. Zur Zubereitung dieser Vorspeise kann eingelegte Rote Bete verwendet werden.

IN HONIG EINGELEGTE PAPRIKASCHOTEN*

3 kg große Paprikaschoten
1 Glas Pflanzenöl
1 Glas Honig
1 Glas 9-prozentiger Essig
1 Glas Wasser
1 EL Salz

Die Samen aus den Paprikaschoten entfernen, die Schoten in 4–6 Teile schneiden. Im Topf jeweils 1 Glas Pflanzenöl, Honig und Wasser verrühren, 1 EL Salz hinzugeben. Unter Rühren den Schaum abschöpfen, die Lösung zum Kochen bringen und 1 Glas Essig beigeben. Die geschnittenen Schoten in Partien aus 5–6 Stück in die kochende Marinade geben und 1,5–2 Minuten kochen. Mit dem Schaumflöffel aus dem Topf heben, in Halbliter-Gläser füllen (es werden etwa 6 Gläser) und mit der Marinade übergießen. Die Gläser verschließen und bis zum völligen Abkühlen in eine Decke wickeln.

KREBSE MIT BIER

Krebse sind ein klassischer Begleiter zum Bier. Das weiße und zarte Fleisch der Krebse ist nahrhaft und gesund. Seine Geschmacksqualitäten nehmen besonders im Frühjahr zu. Große Krebse haben Vorzug: sie haben nicht nur mehr Fleisch, sondern sind auch schmackhafter. Zum Kochen sollten nur lebendige Krebse genommen werden. Vorher gut mit kaltem Wasser spülen, damit die Schlickreste verschwinden. Die Krebse in einen Topf mit kochendem Salzwasser geben, Pfeffer, Lorbeerblatter und Dill hinzugeben und unter geschlossenem Deckel solange kochen, bis sie rot werden (ungefähr 10 Minuten). Auf einer mit einer Serviette abgedeckten Platte servieren. Auf Wunsch mit Petersilie garnieren.

3 PORTIONEN
12 Krebse
1 El Salz
12 Pfefferkörner
2 Lorbeerblätter

SÜLZE ODER ASPIK

Sülze wurde von alters her mit dem Einbruch der Kälte zubereitet, wenn das Vieh geschlachtet wurde, aber ohne dieses traditionelle russische Gericht ist auch heute kein Festessen denkbar. Die geleeartige Konsistenz der Sülze stammt von den dort enthaltenen Fleischwaren mit einem großen Anteil an Knorpeln.

Das gut gespülte Fleisch in siedendes Wasser legen und 3 Stunden kochen, wenn nötig Wasser nachgießen, dabei Schaum und Fett abschöpfen. 1 weitere Stunde köcheln, unter Zugabe des geschälten, aber nicht geschnittenen Gemüses und von Salz, Pfeffer und Lorbeerblättern. Dem zerkochten Fleisch die Knochen entnehmen, fein schneiden, mit dem kleingehackten Knoblauch vermengen und mit durchgeseihter Brühe aufgießen. Kühl stellen und dann in den Kühlschrank, wo die Sülze endgültig fest wird. Die Sülze mit Senf oder Meerrettich servieren Eine Variante der Zubereitung dieses Gerichts wird auf S. 214 angeführt.

10 PORTIONEN
2 kg Rindfleisch (Schieres, Haxe, Schwanz)
500 g Huhn
2 Zwiebeln
2 Möhren
1 Petersilien- oder Selleriewurzel
5 Lorbeerblätter
5 Knoblauchzehen
Salz nach Geschmack

LEICHTGESALZENES GEMÜSE*

400 g kleine Gurken
400 g Tomaten
320 g Paprikaschoten
200 g Radieschen
4-5 Knoblauchzehen
2–3 Basilikum-Blätter
1. Salzlake für Tomaten und Paprikaschoten
3 l Wasser
160 g Salz
40 g Knoblauch
Petersilie
Johannisbeerblätter
1 Peperoni
2. Salzlake für Gurken und Radieschen:
3 l Wasser
120 g Salz
40 g Knoblauch
Petersilie
Johannisbeer-, Kirsch- und Eichenblätter
Wurzel oder Blätter vom Meerrettich
1 Peperoni

Die Idee, Radieschen zusammen mit Gurken einzulegen, stammt von dem bekannten Schriftsteller und Satiriker Michail Shwanezki. Das Gemüse waschen. Den Strunk aus den Tomaten entfernen und darunter eine kleine Vertiefung machen. Die Mischung aus feingehacktem und gesalzenem Basilikum und Knoblauch hineingeben. Die Tomaten in ein Glas- oder Emaille-Gefäß legen. Die Peperoni in vier Teile schneiden, ohne die Körner zu entfernen, in das gleiche Gefäß geben und mit der Salzlake Nr. 1 übergießen. Die Gurken zum schnelleren Einlegen auf eine Gabel spießen und zusammen mit den Radieschen in ein anderes Gefäß geben, dann mit der Salzlake Nr. 2 übergießen. 24 Stunden später ist das leichtgesalzene Gemüse fertig. In warmer Lake zieht es schneller, aber in kalter bekommt es einen besseren Geschmack.

RETTICHSALAT

Rettich ist unverzichtbar zur Stabilisierung der Gesundheit. Seine Wurzeln sind reich an Mineralstoffen, Eiweiß, Kohlenhydraten und Vitaminen. Der spezifische scharfe Geschmack dieses Gemüses macht es zu einer wertvollen Zutat für viele Salate.

Geschälten Rettich und Möhren raspeln, mit den Händen zerreiben, salzen und warten, bis das Gemüse Saft zieht. Dann die überschüssige Flüssigkeit abgießen, den Salat mit ein wenig feingehacktem Koriandergrün bestreuen und Olivenöl hinzugeben. Sofort servieren.

2 PORTIONEN
200 g Rettich
200 g Möhren
3 EL Olivenöl
Salz und Koriandergrün nach Geschmack

SPECK

Die dichte Unterhautschicht des Schweinespecks wird sowohl im rohen als auch im gesalzenen und geräuchert-gesalzenen Zustand verwendet. Wir schlagen eine Methode zur Zubereitung der zweiten Variante vor. Den Speck vom Fleisch trennen und in Stücke schneiden. Von allen Seiten mit Kochsalz einreiben, dicht an dicht in Emaille-Geschirr legen, erneut salzen und beschweren. Nach drei Wochen ist der Speck fertig. Er muss vom Salz gereinigt und je nach Geschmack mit Knoblauch und Pfeffer eingerieben werden. Den Speck in einem dunklen kalten Raum aufbewahren, in dünnen Streifen essen – ohne Schwarte und Resten an Salz und Gewürzen.

15 kg rohen Speck
1 kg Salz
Pfeffer
Knoblauch
1 EL Butter

SALAT OLIVIER

5 PORTIONEN
4–5 Kartoffeln
300 g Kochwurst
3–4 Salzgurken
1 Möhre
1 Glas Dosenerbsen
4 Eier
1 Zwiebel
250 g Mayonnaise
Kräuter nach Geschmack

Dieser Salat wird auch Wintersalat, Stolitschny oder Russischer Salat genannt. In den Staaten der ehemaligen Sowjetunion ist er äußerst beliebt, dort gilt er als traditioneller Silvestersalat und wird in rauen Mengen gegessen. Er unterscheidet sich grundsätzlich von dem Gericht, das ein französischer Koch im 19. Jahrhundert für ein Moskauer Restaurant erfunden hatte, und von dem auch der Name stammt.

Die Pellkartoffeln, die Kochwurst, die Gurken, die gekochte Möhre, die Zwiebel (mit kochendem Wasser übergossen, nach fünf Minuten aus der Flüssigkeit genommen) und die hart gekochten Eier in Würfel schneiden. In eine Schüssel geben und die Dosenerbsen und Mayonnaise dazugeben. Die Zutaten sind variabel: statt Wurst können Schweine- oder Hühnerfilet, Krabbenfleisch oder gekochte Zunge genommen werden. Es können auch Wachteleier und Salat- oder eingelegte Gurken sein.

SAUERKRAUT MIT MOOSBEEREN

5 kg Weißkohl
100 g Moosbeeren
200 g Möhren
150 g Salz

Sauerkraut galt von alters her als wunderbare Vorspeise. Unter den vielen Rezepten gehört das mit Moosbeeren zu den interessantesten. Solch ein Kohl ist nicht nur sehr lecker, sondern enthält auch jede Menge Vitamine für die schwere Winterzeit.

Den Kohl in Streifen raspeln, die gewaschene und geschälte Möhre reiben. Alles in einen großen Topf geben und, nach Unterrühren von Salz, mit den Händen kneten, bis es wässert. Das Gemüse erneut umrühren, dabei die verlesenen und gespülten Moosbeeren untermengen, fest in ein Gefäß zum Einsäuern legen, beschweren. Bei Zimmertemperatur mehrmals täglich das Kraut bis zum Boden durchstechen, damit die Luft entweicht. Wenn keine Luftblasen mehr aufsteigen, den Kohl an einen kühlen Platz stellen. Unbedingt beachten: der Kohl muss immer mit Salzlake bedeckt sein.

EINGELEGTE ÄPFEL

10 l Wasser
20 kg Äpfel
300 g Honig
100 g Salz
150 g Roggenmehl

Eingelegte Äpfel enthalten viele wertvolle Inhaltsstoffe, besonders Kalzium, ein sehr effektives Mittel gegen Osteoporose. Es werden nur gesunde Früchte von Herbst- und Wintersorten eingeweicht (am besten Antonowka). Gewöhnlich werden Eichenfässer verwendet, es gehen aber auch Keramik- oder Emaille-Gefäße. Das Gefäß mit heißem Sodawasser reinigen, gut mit abgekochtem und dann mit siedendem Wasser ausspülen, mit Kirsch- oder schwarzen Johannisbeer-Blättern auslegen. Sie werden auch zwischen alle 2–3 Reihen Äpfel gelegt (mit dem Fruchtstiel nach oben legen). In warmem abgekochtem Wasser Honig, Salz und Mehl auflösen. Mit der abgekühlten und umgerührten Lake die Äpfel übergießen und beschweren (wichtig ist, die Höhe der Lake immer gleich zu halten, deshalb täglich nachgießen), bei Zimmertemperatur 7 Tage ziehen lassen, danach 4–6 Tage an einen kühlen Platz stellen.

TAFELRETTICH

500 g Meerrettich
1 Glas Wasser
1 EL Zucker
2 EL 9-prozentigen Essig
1 EL Butter

Viele Gerichte, auch aus Fleisch, werden durch scharfe Gewürze erst richtig pikant. Zu den beliebtesten natürlichen Geschmacksverstärkern der russischen Küche gehört Tafelrettich. Unter häuslichen Bedingungen zubereitet, ist er besonders lecker, außerdem enthält er keine Konservierungsstoffe und Stabilisatoren.
Die Meerrettichwurzeln säubern und spülen, dann fein reiben. In ein sauberes Weckglas geben und mit abgekochtem Wasser übergießen. Der Masse in Wasser ausgelöstes Salz, Zucker und Essig hinzufügen und alles umrühren. Wenn die daraus entstandene Konsistenz zu dick wird, kann ein wenig abgekochtes Wasser hinzugegeben werden. Das Glas dicht verschließen und im Kühlschrank aufbewahren.

MEERRETTICH MIT SAHNE

Eine wunderbare Ergänzung zu kalten und warmen Fischgerichten jeder Art.
Den geschälten und gespülten Rettich eine Stunde in kaltes Wasser legen, durch den Fleischwolf drehen oder reiben, die Sahne kühlen und dann zuerst mit Puderzucker und danach mit Essig und Senf aufschlagen. Die daraus resultierende Masse mit dem geriebenen Rettich vermischen und salzen. Schon ist die Vorspeise fertig und kann sofort zum Würzen verwendet werden. Was übrig bleibt, wird im Kühlschrank aufbewahrt.

200 ml 33-prozentige Sahne
4 EL Tafelrettich
1 TL Puderzucker
2 TL Weinessig
½ TL Senfpulver
Salz nach Geschmack

RUSSISCHER SENF

½ Glas abgekochtes Wasser
250 g Senfpulver
75 g Pflanzenöl
3 EL Essig
Zucker und Salz nach Geschmack
1 EL Butter

Senf ist gut für Suppen und Fleischgerichte sowie als Zutat zum Anrichten von Salaten. Am besten wird Senf zuhause zubereitet: erstens weiß man dann, dass er keine schädlichen Zusätze enthält, und zweitens kann man seine Schärfe selbst regulieren.
Das Senfpulver mit kochendem Wasser übergießen, verrühren und 24 Stunden ziehen lassen. Dann das überschüssige Wasser abgießen, die verbleibende Masse umrühren und Salz, Pflanzenöl und Essig hinzugeben und ebenfalls verrühren. Jetzt ist der Senf bereit zum Verzehr. In Keramik- oder Glasbehältern aufbewahren.

BLINY UND PIROGGEN

Die Russen haben jede Menge Sprichwörter und Redewendungen über das Brot: »Das Brot ist das Haupt über allem«, »Schön machen die Hütte nicht die Ecken, sondern die Piroggen«, usw. Das ist verständlich: In der Rus wurden von alters her Roggen, Weizen, Gerste, Hafer und Hirse kultiviert; man kannte die Technik des Mahlens, und Teigerzeugnisse nahmen in der Ration des Volkes einen vorrangigen Platz ein. Bis heute gibt es in der russischen Küche jede Menge aller nur erdenklicher Backwaren. Was ihren Verzehr angeht, ist Russland führend in der Welt. Aber eine davon hat wahrlich Chancen, beim Wettbewerb »Nationale Idee« zu gewinnen. Das sind die Bliny – eines der ältesten Symbole für die russische Küche überhaupt, die auf dem Gebiet der Rus noch lange vor dem 10. Jahrhundert, also zu Zeiten des Heidentums, aufkamen. Die runden, goldbraunen Pfannkuchen verkörperten das Hauptgestirn, die Sonne; sie wurden zur Tag- und Nachtgleiche im Frühjahr gebacken. In der christlichen Rus war das die Zeit vor den Großen Fasten, in der Butterwoche. Natürlich sind Erzeugnisse aus flüssigem ungesäuertem Teig kein Privileg der Russen, aber in Europa werden viel Milch und viele Eier beigegeben, während man sie im Osten fast nur auf Wasser zubereitet. In Russland werden Bliny dagegen hauptsächlich auf Hefebasis gebacken, dadurch werden sie mürbe und porös und zugleich transparent.

Ein anderes, nicht weniger altes und genuin russisches Gebäck, das keinem ausländischen Einfluss ausgesetzt war, sind die Piroggen. Das Wort selbst stammt vom altslawischen »pir«, denn Piroggen wurden ursprünglich ausschließlich an Festtagen gebacken. Der Teig für die russische Pirogge ist meist aus Hefe, traditionelle Füllungen sind Breie mit Zwiebeln und Eiern, Kohl mit Eiern, Pilze mit Zwiebeln und Fleisch oder Fisch mit Reis und Eiern.

4–5 PORTIONEN
Für den Teig:
2 Gläser Mehl
4 Gläser Milch
2 Eier
50 g Butter
2 EL Pflanzenöl
4 EL Zucker
Salz nach Geschmack
Für die Füllung:
100 g roter Kaviar

BLINY MIT ROTEM KAVIAR

Die Kombination von Bliny (Pfannkuchen) mit rotem Kaviar gibt einen hervorragenden geschmacklichen und visuellen Effekt, deshalb sind solche Bliny auf jedem Festtisch gern gesehen. Umso mehr, weil ihre Zubereitung nicht viel Zeit in Anspruch nimmt.

Eier, Salz, Zucker in warme Milch geben und kräftig aufschlagen. Das Mehl zugeben und erneut schlagen, bis eine homogene Masse entsteht. Den Teig 30 Minuten an einem dunklen Platz ziehen lassen. Pflanzenöl hinzugeben und umrühren. Die Bliny von beiden Seiten in einer gut vorgeheizten und mit Butter gefetteten gusseisernen Pfanne backen. Auf jeden fertigen Pfannkuchen kommt ein Stückchen Butter. Mit rotem Kaviar füllen und servieren.

Eine weitere Variante der Kombination von Bliny mit Kaviar finden Sie auf S. 221.

4–5 PORTIONEN
Für den Teig:
2 Gläser Mehl
4 Gläser Milch
2 Eier
50 g Butter
2 EL Pflanzenöl
4 EL Zucker
Salz nach Geschmack
Für die Füllung:
200 g Lachs

BLINY MIT LACHS

Das »Duett« von leichtgesalzenem Lachs und Pfannkuchen gilt als klassisch für die nationale Küche Russlands. Es verwundert daher nicht, dass Bliny mit Fischfüllung in Europa manchmal sogar als »russische« bezeichnet werden.

Die Pfannkuchen müssen dünn sein, deshalb kann das Rezept ihrer Zubereitung auf S. 39 als Vorbild genommen werden, als Füllung dienen entweder leichtgesalzener oder geräucherter Salm, Forelle, Buckellachs oder Lachs, in kleine Streifen geschnitten.

PFANNKUCHEN »KLEEBLATT«

4–5 PORTIONEN
Für den Teig:
½ Glas Mehl
4 Gläser Milch
3 Eier
50 g Butter
2 EL Pflanzenöl
2 EL Zucker
Salz nach Geschmack
1 EL zerlassene Butter

Diese Pfannkuchen müssen elastischer und weniger porös sein, als gewöhnlich, mit einem neutralen Geschmack, der die Füllung zur Geltung bringt.

Die fertigen Pfannkuchen (s. S. 42, *Bliny »Skorodumki«)* in vier gleiche Teile schneiden, jedes davon ist denn auch ein »Kleeblatt«. Die Füllung darauflegen (z. B. Lachsstreifen) und danach einwickeln wie eine »Roulade«. Die Füllung kann auch variiert werden: traditionell aus Quark (mit Rahm, rohem Ei und Zucker) oder Fleisch (gebratenes Hack, vermischt mit passierten Zwiebeln und gehackten Kräutern). In diesem Fall können die Eierkuchen im Backofen gedämpft werden. Dazu auf den Boden eines Topfes einen ganzen Pfannkuchen und darauf, schön in Reihen, die »Kleeblätter« legen. Mit zerlassener Butter begießen und wieder mit einem ganzen Pfannkuch en bedecken. Den Topf mit den Kleeblättern fest schließen und 40 Minuten in den vorgeheizten Backofen stellen.

4–5 PORTIONEN
Für den Teig:
2 Gläser Mehl
4 Gläser Milch
20 g frische Hefe
2 Eier
50 g Butter
2 EL Pflanzenöl
2 EL Zucker
1 TL Salz
Für die Füllung:
6 Äpfel

HEFE-BLINY MIT ÄPFELN

Hefe sorgfältig mit Milch und Zucker verrühren und diesen Teig 30–40 Minuten an einen warmen Ort stellen, bis er aufgeht. Eier, Salz und Butter hinzugeben und verrühren (ein weiteres Rezept zur Zubereitung von Hefeteig ist auf S. 223 zu finden). Auf den von beiden Seiten gut gebackenen Pfannkuchen die geschälten, feingeschnittenen und mit Zucker bestreuten Äpfel legen – so viele, dass sich der Pfannkuchen ohne Probleme rollen lässt und die Füllung nicht herausfällt. Wenn Äpfel übrigbleiben, kommen sie oben auf den Pfannkuchen. In einem tiefen Gefäß etwas Butter zerlassen und die Pfannkuchen hineinlegen, wobei jede Schicht mit Butter begossen wird. 40–45 Minuten unter geschlossenem Deckel im vorgeheizten Backofen dämpfen.

BLINY MIT PREISELBEEREN UND HONIG

In der russischen Kochkunst sind Preiselbeeren sehr verbreitet: daraus werden Marmelade, Konfitüre, Fruchtgelee und Pastila gekocht; Mors, Saft und Füllungen für Piroggen zubereitet; außerdem werden sie bei der Zubereitung von Fleischgerichten verwendet. In gefrorenem Zustand bewahren sie fast alle gesunden Inhaltsstoffe. Besonders beliebt sind aber eingelegte Preiselbeeren.

Die Bliny nach dem Rezept auf Seite 35 backen. Die Preiselbeeren vorher gut zuckern, damit sie gut einziehen. Dann die Füllung sorgfältig verrühren, auf die Pfannkuchen geben und mit Honig übergießen. Es empfiehlt sich, das Gericht mit Eis zu servieren.

4–5 PORTIONEN
Für den Teig:
2 Gläser Mehl
4 Gläser Milch
2 Eier
2 EL Pflanzenöl
4 EL Zucker
Salz nach Geschmack
Für die Füllung:
500 g frische, eingelegte oder gefrorene Preiselbeeren
100 g Zucker
100 g Honig

12 PORTIONEN
Für die Füllung:
600 g Hackfleisch
1 Zwiebel
1 Möhre
3 Eier
Salz und Pfeffer nach Geschmack
1 EL Butter

PFANNKUCHEN-PIROGGE

Die Pfannkuchen-Pirogge gehört zu den »Wundern« der Butterwoche, kann aber auch den Alltag aufhellen. Sie besteht aus dünnen hefelosen Pfannkuchen (s. S. 35), wie viele Schichten das sind, ist egal – je höher die Pirogge, desto sättigender.

Angebratene Zwiebel und Möhre sowie geriebene Eier in das Hack geben. Dies zu einer homogenen Masse rühren. Das Hack ein wenig pfeffern und salzen. Etwa eine halbe Stunde dünsten, und die Füllung ist fertig. Ein Gefäß mit Butter einfetten abwechselnd Pfannkuchen und Hack hineinschichten, am Ende der »Pyramide« einen Pfannkuchen platzieren. Alles etwa 30 Minuten im Backofen überbacken.

BLINY »ZARSKIJE«

Vorteig aus vorgewärmter Milch und gesiebtem, mit Hefe eingekrümeltem Mehl ansetzen. Eigelb sorgfältig mit Butter, Zucker und Salz zu Eisschnee schlagen. In den Vorteig geben, wenn er aufgegangen ist, alles gut verrühren. Beim Verrühren den Rest Mehl sowie Salz und Zucker beigeben und 45–50 Minuten ins Warme stellen. Separat geschlagenes Eiweiß und Schlagsahne vermengen und unter vorsichtigem Rühren zu dem Teig geben, wenn der nochmals aufgegangen ist. Nach 10–15 Minuten die Pfannkuchen backen. Prächtig und schmackhaft wie sie sind, werden sie heiß mit den Beigaben, die Ihnen am meisten zusagen, serviert.

8–10 PORTIONEN
4 Gläser Mehl
150 g Butter
4 Gläser Milch
4 Eier
1 Glas Sahne
3 EL Zucker
1 EL Pflanzenöl

4–5 PORTIONEN
1½ Glas Mehl
4 Gläser Milch
3 Eier
2 EL Zucker
Salz nach Geschmack
2 EL Pflanzenöl
50 g Butter

BLINY »SKORODUMKI«

Übersetzt heißen diese Pfannkuchen »Schnellgedacht«, weil man sich bei ihrer Zubereitung nicht groß den Kopf zerbrechen muss. Das Rezept für die »Skorodumki« ist simpel und ruckzuck zubereitet. Die Pfannkuchen werden angenehm dünn und elastisch, so dass sie leicht als Hülle für Füllungen jeder Art dienen können.
Eier, Salz und Zucker in warme Milch geben und gut verrühren. Mehl hineinschütten und erneut aufschlagen, bis eine homogene Masse entsteht. Die Pfannkuchen in einer gut erhitzten gusseisernen Pfanne von beiden Seiten backen. Jeden Pfannkuchen ein wenig mit Butter bestreichen.

OLADJI

Oladji (Puffer, Fladen, Krapfen) werden aus einem ziemlich festen Teig zubereitet, dem auch andere Zutaten hinzugegeben werden können. In Form und Größe ähneln sie Fladen; sie werden in einer großen Menge Öl gebacken, »Oleum«, daher der Name. Oladji sind besonders luftig und porös, was davon kommt, wenn sie auf Kefir oder unter Verwendung von Hefe zubereitet werden. Wir schlagen Erstgenanntes vor. Kefir, Zucker, Ei und Pflanzenöl sorgfältig verrühren. Gesiebtes Mehl, Speisesoda und Salz hinzugeben und zu einer äußerst homogenen Konsistenz schlagen. Auf kleiner Flamme in einer zuvor auf Höchststufe erhitzten Pfanne auf kleiner Flamme backen.

4–5 PORTIONEN
1 Glas Mehl
1 Glas Kefir
1 Ei
2 EL Zucker
½ TL Salz
2 EL Pflanzenöl
50 g Butter

10 PORTIONEN
1 kg Hefeteig
Für die Füllung:
800 g mageres Rindfleisch
4 Zwiebeln
50 g Butter
Salz und Pfeffer nach Geschmack
Öl zum Braten
Für die Bindung:
3 Eier
1 TL Sauerrahm
1 EL Zucker

KULEBJAKA MIT FLEISCH*

Eine Art geschlossene Pirogge. Dem Namen liegt das Wort »kulebjatschitj« zugrunde – kneten, falten, einen Teig formen; darin kommt zum Ausdruck, wie schwierig die Zubereitung dieses Gerichtes ist. Die Fleisch-Kulebjaka gehört zu den am meisten verbreiteten.

Dem Gehackten aus gekochtem Rindfleisch die gerösteten Zwiebeln beigeben, für die Saftigkeit Fleischbrühe und zerlassene Butter hinzugeben, pfeffern und salzen. Die Füllung in die Mitte des auf 1 cm Dicke ausgerollten Teiges legen (s. S. 46, *Gebackene Piroschki mit Fleisch*). Die Teigränder falten und zusammendrücken, die Kulebjaka mit der Naht nach unten auf das mit Butter gefettete Backblech legen. Die Kulebjaka 10–15 Minuten stehenlassen, mit der Bindung bestreichen, anstechen, damit der Dampf entweichen kann und weitere 5 Minuten stehenlassen. Bei 180–200 Grad im Backofen backen. Zu Brühe oder Tee servieren.

PIROGGE MIT FLEISCH UND REIS

8 PORTIONEN
800 g Hefeteig
Für die Füllung:
500 g Hackfleisch
300 g Reis
1 Zwiebel
50 g Butter
Salz und Pfeffer nach Geschmack
Öl zum Braten

Den Teig wie im Rezept auf Seite 46 (*Piroschki mit Fleisch*) vorbereiten. Das mit Zwiebeln angebratene Hackfleisch mit dem zuvor gekochten Reis und den kleingeschnittenen Eiern vermischen, salzen und pfeffern. Die Füllung auf den auf einem Backblech liegenden ausgerollten Teig legen, die Ränder falten, die Nähte gut verschließen. Wenn gewünscht, ein Muster aus dem restlichen Teig auftragen. Bei 220 Grad im gut vorgeheizten Backofen 30 Minuten backen. Mit einem Holzstäbchen prüfen, ob die Pirogge durch ist.

PIROSCHKI MIT FLEISCH*

10 PORTIONEN	
Für den Teig:	**Für die Füllung:**
3 Gläser Mehl	500 g mageres Rindfleisch
1 EL Trockenhefe	3 Zwiebeln
1 Glas Milch	3 EL Mayonnaise
1 Glas Sahne oder Sauerrahm	2 EL frischer Dill
2 Eier	
10 EL Pflanzenöl	½ TL schwarzer Pfeffer
2 EL Mayonnaise	Salz nach Geschmack
4 EL Zucker	
½ TL Salz	

Gewöhnlich wird das Gehackte für Piroschki aus Kochfleisch zubereitet. Wir schlagen ein Rezept mit Füllung aus rohem Fleisch vor: die Piroschki daraus sind besonders schmackhaft.

Trockenhefe in das Mehl geben, die bis auf 40 Grad aufgewärmte Milch (mit den dort hineingegebenen Eiern, Salz, Zucker, Sauerrahm und Mayonnaise) und Sonnenblumenöl hinzugießen. Den Teig gut durchkneten und 30 Minuten ziehen lassen. Das rohe Rinderfilet von der Haut befreien, in Streifen schneiden; Salz, Pfeffer, Mayonnaise und kleingeschnittene Zwiebeln und Dill hinzufügen – gut verrühren. In die Mitte des Teigs für die Piroschki kommt die Füllung, mit der Naht nach oben schließen. Die Piroschki mit Ei bestreichen und 20 Minuten bei 200 Grad backen.

FLEISCHPIROGGE

10 PORTIONEN
1 kg Hefeteig
500 g mageres Rindfleisch
2 Zwiebeln
Salz und Pfeffer nach Geschmack
1 Ei

Das Rindfleisch durch den Fleischwolf drehen, die kleingeschnittenen Zwiebeln hinzugeben, salzen und pfeffern. Den aufgegangenen Teig (s. vorangegangenes Rezept) in zwei Teile teilen und jeden ausrollen. Einen davon auf ein mit Butter ausgefettetes Backblech legen, die Füllung darauf verteilen, mit der zweiten Teigschicht bedecken und die Ränder zusammendrücken.

Die Pirogge mit geschlagenem, mit Wasser verdünntem Eigelb bestreichen und in den auf 180 Grad vorgeheizten Ofen schieben. Backzeit 30–40 Minuten.

RASSTEGAI MIT FLEISCH

Gebackene, nicht ganz geschlossene, sondern förmlich in der Mitte »aufgeknöpfte« (russ.: rasstjegatj) Piroschki – daher kommt vielleicht der Name. Die Besonderheit der Rasstegais liegt darin, dass, wenn sie fertig sind, durch die Öffnung Brühe oder zerlassene Butter gegossen wird.

Das Hackfleisch ein wenig mit Zwiebeln anschmoren, salzen und pfeffern. Den Teig (s. S. 46, *Piroschki mit Fleisch*) in Form von Kreisen ausrollen, darauf die Füllung legen, die Ränder zusammendrücken, wobei die Mitte offenbleibt. Wenn die Rasstegais etwas aufgehen, mit Ei bestreichen und auf ein mit Backpapier belegtes Blech legen. Im auf 200 vorgeheizten Backofen 30–35 Minuten backen. Die fertigen kleinen Piroggen herausnehmen, in jede ein Stückchen Butter legen und sie zur Brühe servieren.

4–5 PORTIONEN
500 g Hefeteig
300 g Hackfleisch
2 Zwiebeln
1 Ei
Salz und Pfeffer nach Geschmack
Öl zum Braten

KULEBJAKA MIT FISCH

Ein altes traditionelles russisches Gericht, Hauptzutaten sind hier Stör, Lachs oder Renke. Den halbgekochten Fisch entgräten, in kleine Stücke schneiden, salzen und pfeffern. In der entstandenen Brühe Reis kochen, die Zwiebeln würfeln und Petersilie schneiden. Den ausgerollten Teig (s. S. 46, *Piroschki mit Fleisch*) auf ein mit Butter gefettetes Blech legen. Die Füllung in die Mitte der Teigschicht geben, danach in Schichten zuerst den Reis, dann die Zwiebeln, dann die Petersilie, zuletzt den Fisch darauf legen, in den ein wenig Brühe gegeben wird. Die Kulebjaka zusammendrücken und mit der Naht nach unten legen. 10–15 Minuten stehenlassen, mit der Bindung (s. S. 45, *Kulebjaka mit Fleisch*) bestreichen und einstechen, damit der Dampf entweichen kann. Noch 5 Minuten stehenlassen. Die Kulebjaka bei 180–200 Grad im Ofen backen.

10 PORTIONEN
800 g Hefeteig
800 g Fischfilet
Salz und Pfeffer nach Geschmack
1½ Gläser Reis
2 Zwiebeln
Öl zum Braten
2 EL frische Petersilie

FISCHPIROGGE

Hier passt sowohl Lachs als auch Barsch. Besser einen grätenarmen und fetten Fisch nehmen – dann wird die Pirogge saftiger.
Den Fisch in kleine Stücke schneiden, salzen und etwa 25 Minuten ziehen lassen. Den halbfertig gekochten Reis mit leicht angebratenen Zwiebeln mischen, salzen und pfeffern. Den Teig (s. S. 46, *Piroschki mit Fleisch*) in zwei Teile teilen, zu 1 Zentimeter Dicke ausrollen. Den größeren Teil auf das Blech legen, zuerst den Reis mit Zwiebeln beigeben, dann den gleichmäßig verteilten Fisch, und dann wieder Reis mit Zwiebeln. Mit der zweiten Teigschicht abdecken und den Teig an mehreren Stellen durchstechen. Nachdem der Teig eine halbe Stunde im Warmen gestanden hat, mit dem geschlagenen Eigelb bestreichen. Die Fischpirogge wird etwa 40 Minuten bei 200 Grad gebacken.

10 PORTIONEN
800 g Fischfilet
800 g Hefeteig
4 Zwiebeln
1 Lorbeerblatt
1 Ei
1½ Gläser Reis
Öl zum Braten

KURNIK

Für den Teig:	
	2 ½ Gläser Mehl
	1 Glas Kefir
	250 g Margarine
	2 Eier
	½ TL Soda
	½ TL 9-prozentiger Essig
	1 EL Pflanzenöl
Für das Hackfleisch:	
	1 kleines Huhn
	300 g frische oder 100 g getrocknete Steinpilze
	4 Zwiebeln
	5 Eier
	1 Glas Reis
	1 EL frische Kräuter
Für die Bliny als Zwischenschicht:	
	100 ml Milch
	1 EL Mehl
	1 Ei
	1 TL Zucker
	Öl zum Braten
	Eine Prise Salz
Für die Sauce:	
	2 EL Butter
	1 EL Mehl
	2 EL Hühnerbrühe
	½ Glas Milch oder 11-prozentige Sahne
	Salz nach Geschmack

Im alten Russland war der Kurnik eine Festpirogge zur Hochzeit. Er wird heiß zu Suppen gereicht, aber auch einzeln mit Brühe.

Salz, Zucker, Ei und Mehl in die angewärmte Milch geben und zu einem Pfannkuchen-Teig verrühren. Eine Bratpfanne einfetten, erhitzen, die Bliny für die Schichten des Kurnik von beiden Seiten backen.

Für die Zubereitung der Sauce in einer Pfanne Butter zerlassen, Mehl hinzugeben und 1–2 Minuten dünsten. Ein wenig von der Brühe beigeben, in der das Huhn gekocht wurde, dazu Sahne. Salzen und unter Rühren zum Kochen bringen.

Zur Zubereitung des Teigs für den Kurnik Kefir, Eier und mit Essig gelöschtes Soda in die zerlassene Margarine rühren, danach alles mit Mehl verrühren.

Das gekochte Hühnerfleisch in kleine Stückchen schneiden. Den Reis kochen und mit Butter anrichten, damit der Reis nicht klebt. Den Reis abkühlen lassen, dann die grob gehackten Eier und die klein gehackten Kräuter hinzugeben und verrühren. Die Zwiebeln und die frischen oder zuvor eingelegten und gekochten Trockenpilze schneiden, leicht anbraten, mit der Sauce anrichten und dünsten.

Den fertigen Teig in zwei Hälften teilen und ausrollen. Die erste, runde Teigschicht in eine mit Butter ausgefettete Pfanne legen, darauf eine Schicht Hackfleisch (den mit Eiern und Kraut verrührten Reis), auf das Gehackte den Blin mit der zweiten Füllung (die mit Sauce angemachten Stückchen Hühnerfleisch). Darauf einen weiteren Pfannkuchen mit der dritten Füllung legen – die mit Zwiebeln gedünsteten Pilze. Mit der zweiten Teigschicht die Pirogge schließen, die Ränder zusammendrücken und mit Eigelb bestreichen (der Kurnik kann mit kleinen Figuren aus Teig verziert werden). Die Pirogge an mehrere Stellen durchstechen und bei 150 Grad 1 Stunde im Ofen backen. Um sie saftiger zu machen, kann ein wenig Brühe durch eine Öffnung in der oberen Teigschicht hinzugegeben werden. Nach einem alten Rezept gehört ein wenig Rinderknochenmark in die Füllung, statt Reis wird Buchweizengrütze genommen.

PIROSCHKI MIT SCHNITTLAUCH UND EI

Den feingehackten Lauch und die gekochten Eier verrühren. Die zerlassene Butter hinzugeben und salzen. Wieder umrühren. Den aufgegangenen Teig (s. S. 46, *Piroschki mit Fleisch*) in kleine Stücke schneiden. Jedes zu einem runden Fladen ausrollen. Die Füllung in die Mitte legen, den Piroschki die gewünschten Formen verleihen. Mit den Teigresten Muster bilden, die Piroschki mit Eigelb bestreichen, auf ein mit Backpapier ausgelegtes Blech legen und im auf 220 Grad vorgeheizten Ofen 20 Minuten backen.

12 PORTIONEN
1 kg Hefeteig
500 g Lauch
6 Eier
2 EL Butter
Salz nach Geschmack

BREIE UND QUARKGERICHTE

Für die traditionelle russische Küche ist ein breites Sortiment an Gerichten aus Hülsenfrüchten charakteristisch. Vor allem sind das Breie (russ. Kascha), die es in der alten Rus laut archäologischen Ausgrabungen schon vor 1.000 Jahren gegeben hatte. Der Brei war im heidnischen Russland ein rituelles Gericht, das Symbol für Fruchtbarkeit und Überfluss. Deshalb kam keine Hochzeit ohne Brei aus, ja selbst das Hochzeits-Festessen hatte diesen Namen. Aber Brei wurde in der alten Rus auch zu Bestattungen gekocht, und zur Taufe, und zu Weihnachten. Es wurde sogar auf Brei wahrgesagt, besonders auf den Getreidesorten für die Ernte.

Breie waren im Grunde seit Vorzeiten der Hauptteil der Ration von Vertretern der Eliten wie auch der demokratischen Schichten. Es gab Breie aus Brot, Fisch, unter Zusatz von Kartoffeln, aus Erbsen, Möhren, Rüben und anderen Gemüsesorten. Keine andere Küche in der Welt umschließt eine derart große Menge an Breisporten, wie es die russische tut – vom groben, aber nahrhaften Dinkelbrei bis zum raffinierten Gurjew-Brei, der seinerzeit in die Rezeptsammlungen fast aller Länder Europas Einzug hielt. Die russische kulinarische Kunst hat es über viele Jahrhunderte hinweg vermocht, bemerkenswerte Kombinationen von Hülsenfrüchten mit anderen Produkten zu generieren, so zum Beispiel mit Quark. In der alten Rus wurde er ohne jede Wärmebehandlung zubereitet: Wenn die Milch sauer wurde, wurde sie einfach durch ein Sieb gegeben oder ausgepresst – das verlieh der Konsistenz des Quarks eine besondere Zartheit. Gerichte aus Quark werden oft als Syrniki (von russ. syr = Käse) bezeichnet, nicht als Tworoshniki (vor russ. tworog = Quark), die Quarkmasse als »Käsemasse«. Erst mit dem Aufkommen von europäischen Käsesorten und der Entwicklung der inländischen Käseproduktion begann man, das Produkt aus Sauermilch als »Tworog« zu bezeichnen.

BUCHWEIZENGRÜTZE MIT GRIEBEN*

Die in einer Pfanne angebratene Buchweizengrütze in einen Schmortopf mit siedendem Wasser geben, Salz und Butter hinzufügen. Alles verrühren und auf kleiner Flamme kochen, bis die Grütze das ganze Wasser aufgesogen hat (10–15 Minuten). Den Schmortopf in den Ofen stellen und den Brei ziehen lassen, bis er fertig ist. Mit Grieben servieren. Dafür den Speck in kleine Würfel schneiden und in einer Pfanne goldbraun anrösten; die Grieben herausnehmen und salzen.

4–5 PORTIONEN
1 Glas Buchweizengrütze
2 Gläser Wasser
50 g Butter
Salz nach Geschmack
Für die Grieben:
200 g Speck oder Gänseschmalz
Salz nach Geschmack

BUCHWEIZENBREI MIT MILCH

4–5 PORTIONEN
1 Glas Buchweizengrütze
2 Gläser Wasser
2 EL Schweineschmalz
Salz nach Geschmack
2 Gläser Milch

Die Grütze verlesen und in einer Pfanne goldbraun rösten. Danach in siedendes gesalzenes Wasser geben und bis zum Verdicken kochen. Wenn der Brei die richtige Konsistenz hat, den Schweineschmalz hinzugeben, gut verrühren, abdecken und 3–4 Stunden ziehen lassen. Den fertigen Buchweizenbrei mit Milch anmachen.

BUCHWEIZENBREI MIT PILZEN

Die getrockneten Pilze spülen, in einen Topf geben, kaltes Wasser dazugeben und 1–1½ Stunden stehenlassen. Wenn die Pilze aufquellen, müssen die gekocht werden. Die verlesene und leicht geröstete Buchweizengrütze in das siedende Wasser mit den Pilzen geben und verrühren. Wenn der Brei dick wird, 1–1½ Stunden stehenlassen. In der Zwischenzeit die Zwiebeln kleinschneiden und in einer Pfanne in Öl rösten. Die Zwiebeln mit dem fertigen Brei verrühren.

8 PORTIONEN
2½ Gläser Buchweizengrütze
4 Gläser Wasser
50 g Steinpilze
2 Zwiebeln
1 TL Salz
2–3 EL Pflanzenöl

GURJEW-BREI*

Ein »Hit« der russischen Küche. Der Name rührt von Graf Dmitri Gurjew her, obwohl er dieses Gericht nicht erfunden hat.
Salz, Zucker, Butter, die nicht sehr fein gehackten Nüsse und das Vanillegewürz unter ständigem Rühren in den in Milch dickgekochten Grießbrei geben. Alles gut verrühren, mit den Früchten schichten und in Portionsformen geben; diese für 5–7 Minuten in den Ofen stellen. Den Brei mit Früchten und Nüssen verzieren und mit Aprikosensauce servieren. Dazu folgendes Rezept: Die Trockenaprikosen 2–3 Stunden wässern, in einem abgedeckten Topf kochen, bis sie weich sind und heiß durch ein Sieb passieren. In eine Kasserolle legen, Zucker hinzugeben und unter Rühren aufkochen. Die Sauce schmeckt auch kalt hervorragend.

4–5 PORTIONEN
200 g Grieß
80 g Zucker
800 ml Milch oder Sahne
50 g Butter
40 g Walnüsse oder Mandeln
200 g frische oder Konservenfrüchte
Vanille und Salz nach Geschmack
Für die Sauce:
800 ml Wasser
200 g Trocken- oder frische Aprikosen
300 g Zucker

GERSTENBREI

4 PORTIONEN
4½ Gläser Wasser
1 EL Pflanzenöl
1 TL Salz
2 ½ Gläser Gerstengrütze
100 g Schweine- oder Hammelspeck

Gerstengrütze wird, genau wie Gerstengraupen, aus Gersten gewonnen. Breie werden daraus selten zubereitet, aber sie sind nicht weniger bekömmlich und lecker, als alle anderen.
Pflanzenöl in einen Topf mit Wasser geben und salzen. Wenn das Wasser kocht, die Gerstengrütze hineingeben und kochen, bis sie dick ist. Den Speck schneiden, braten und ausgelassen in den Brei gießen. Danach umrühren und 30–40 Minuten ziehen lassen. Den fertigen Brei auf Tellern servieren.

REISBREI*

4–5 PORTIONEN
200 g Reis
600 ml Milch oder Sahne
400 ml Wasser
40 g Zucker
100 g Rosinen
½ TL Zimt
100 g Walnüsse
50 g Butter
Eine Prise Salz

Das kochende Wasser salzen, Zucker, Zimt und, nach gutem Verrühren, den gewaschenen Reis hineingeben. Unter leichtem Rühren 15–20 Minuten kochen. Dann heiße Milch hinzugeben, die gespülten Rosinen und Butter beifügen, und den Brei bei leichtem Sieden und Rühren fertigkochen. Dann die feingehackten Nüsse hinzugeben, umrühren und den Brei für 10–15 Minuten in den Ofen stellen oder unter einer Decke ziehen lassen.

GEDÄMPFTER BREI*

Den Hirsegrieß sorgfältig waschen, auf den Boden des Schmortopfes legen, mit Milch übergießen, Salz und Zucker hinzugeben und 10–12 Stunden in einen gut durchgeheizten russischen Ofen stellen. Es geht aber auch ohne russischen Ofen – im Backofen bei 50–60 Grad wird der Brei genauso gut. Mit Butter übergießen und auf den Tisch bringen.

4–5 PORTIONEN
150 g Hirsegrieß
2,5 Liter Milch
30 g Butter
Salz und Zucker nach Geschmack

HAFERBREI

4 PORTIONEN
4 Gläser Milch
2 Gläser Haferflocken
½ TL Salz
50 g Butter

Die Menge und Qualität der in Haferflocken »Herkules« enthaltenen Eiweiße übersteigt alle anderen Hülsenfrüchte und werden vom Organismus fast vollständig verdaut. Zur Zubereitung dieses Breis reicht es, die Haferflocken in heiße Milch zu geben und 10–15 auf kleiner Flamme köcheln zu lassen, bis sie dickwerden. Danach den Brei salzen und mit Butter anmachen.

GRAUPENBREI

4 PORTIONEN
4 Gläser Milch
1 Glas Gerstengraupen
½ EL Zucker
½ TL Salz
25 g Butter

Die gewaschenen Gerstengraupen in kochendes Wasser schütten, 10–12 Minuten kochen, dann in einem Nudelsieb abtropfen lassen. Die Graupen in einen Topf mit heißer Milch geben, unter Umrühren 15 Minuten auf kleiner Flamme köcheln lassen. Danach Zucker und Salz in den Brei geben, durchrühren, abdecken und 10–15 Minuten zum Abdampfen in ein Wasserbad stellen. Bevor der Brei auf den Tisch kommt, Butter beigeben.

АП
1896г
ЛЯЕТЪ ВЗАИЦА ВСЕРАГ
НЕ ПО ДНЯМ ХОРО

KARTOFFELBREI

4 PORTIONEN
8 Kartoffeln
3 Eier
4 Glas Milch
50 g Butter
Salz nach Geschmack

Die geschälten und gewaschenen Kartoffeln reiben, die Eier unterschlagen, verrühren, in dünner Schicht auf eine große flache Platte auftragen und ins Warme stellen. Wenn die Kartoffeln trocken sind, durch ein Sieb passieren. Das entstandene Pulver in einen Topf mit kochender Milch geben, umrühren, Butter hinzugeben, salzen, abdecken und bei 50–60 Grad für 20 Minuten in den Ofen stellen.

KÜRBISBREI

4 PORTIONEN
1 Glas Hirsegraupen
2 Gläser Milch
800 g Kürbis
Salz und Zucker nach Geschmack
50 g Butter

Die Milch aufkochen, in einen Schmortopf gießen und die gut gewaschenen Graupen dazugeben. Wenn die Graupen aufgequollen sind, den in kleine Würfel geschnittenen Kürbis, Butter und Salz hinzugeben und diese Masse gut verrühren. Den Schmortopf abdecken und in den vorgeheizten Ofen stellen, wo der Brei 1 Stunde bei 50–60 Grad ziehen muss. Das Gefäß aus dem Ofen holen, den Brei nochmals umrühren und auf den Tisch bringen.

QUARKKUCHEN

Die zerlassene Butter, das mit Zucker geschlagene Ei, Grießgraupen, Salz, Vanillepulver und die gut gewaschenen Rosinen in den Quark geben, kräftig verrühren. Die entstandene Masse in eine gut gefettete Pfanne oder ein anderes nicht tiefes Gefäß geben. Die Oberfläche der Quarkmasse glattstreichen, mit Sauerrahm bestreichen, mit Pflanzenöl übergießen und 25–30 Minuten im heißen Ofen überbacken. Warm mit Marmelade und Sauerrahm servieren.

4 PORTIONEN
500 g Quark
1 Ei
3 EL Sauerrahm
3 EL Zucker
½ TL Salz
2 EL Grießgraupen
100 g Rosinen
¼ Paket Vanillepulver
3 EL zerlassene Butter
1 EL Pflanzenöl

KUTJA

Kutja (griech. kukkia; Korn) ist ein rituelles Gericht der orthodoxen Christen, zubereitet aus ganzen Weizenkörnern. Im alten Russland war Kutja ein unabdingbares Attribut bei Trauerritualen und am Heiligen Abend. Hier ein einfaches Rezept, das dem klassischen aber nahekommt. Den Weizengrieß waschen und 4–5 Stunden in Wasser weichen lassen, dann salzen und fertigkochen. Den Mohn mit kochendem Wasser überbrühen und abkühlen lassen, danach das Wasser abgießen und zerkleinern. Auch die Rosinen und die Trockenaprikosen mit heißem Wasser überbrühen, die erkalteten Aprikosen in kleine Stücke schneiden, die Nüsse feinhacken. Den Brei in ein anderes Gefäß schütten, alles zuvor Vorbereitete hineingeben und vorsichtig verrühren. Unmittelbar vor dem Servieren Honig hinzufügen.

4 PORTIONEN
1 Glas Weizengrieß
1 Glas Walnüsse
50 g Trockenaprikosen
½ Glas Mohnsamen
½ Glas Rosinen
Honig (flüssig) nach Geschmack
Salz nach Geschmack

SYRNIKI

Den Quark in ein tiefes Gefäß oder einen Topf geben, Mehl, Salz, Vanille und ein rohes Ei hinzufügen. Die Quarkmasse gut verrühren, auf den mit Mehl bedeckten Tisch legen, zu einer dicken Rolle formen, die dann quer in 10 gleiche Teile geschnitten wird. Jeden dieser Fladen in Mehl wenden, in eine vorgewärmte Pfanne legen und goldbraun braten. Die heißen Syrniki mit Marmelade und Sauerrahm servieren.

4 PORTIONEN
500 g Quark
1 Ei
½ Glas Sauerrahm
2 EL Zucker
½ Glas Mehl
2 EL zerlassene Butter
½ TL Salz
¼ Paket Vanillepulver
Öl zum Braten

PELMENI UND WARENIKI

Pelmeni sind in Russland im Laufe der Geschichte so sehr heimisch geworden, dass sie als DAS Nationalgericht an sich gelten. In Wahrheit ist die Heimat der Pelmeni wohl China. Von dort wurden sie im 13. Jahrhundert von den mongolischen Eroberern, die auch im Reich der Mitte mit Feuer und Schwert gewütet hatten, in die alte Rus exportiert. Den Namen für das Gericht haben die Russen von den Komi übernommen, in deren Sprache er wie »pelnjan« (»Brotohr«) klang. Viele Völker der Welt besitzen etwas Ähnliches wie Pelmeni. In Italien sind dies Ravioli und Tortellini; in Mittelasien und im Kaukasus sowie in Tibet und Korea heißen sie Manty, Chinkali, Momo und Mandu. Spielarten von Pelmeni gibt es in der europäischen, libanesischen und anderen nahöstlichen Küchen.

Pelmeni waren bequem beim Reisen und auf der Jagd; sie kamen zuerst in Sibirien auf: man braucht ja nur Wasser zu kochen und sie für etwa 10 Minuten dort hineinzuwerfen. Deshalb nannte man sie, als sie im 19. Jahrhundert in Zentralrussland auftauchten, auch »sibirische« oder »Ural«-Pelmeni.

Gewöhnlich werden Pelmeni mit Fleischhack mit Zwiebeln, Kartoffeln, Pilzen, Fisch oder Quark gefüllt. Mit Quark werden aber eher Wareniki zubereitet, denen auch Beeren und Früchte beigegeben werden. Wareniki gelten als traditionelles Gericht der südrussischen und ukrainischen Küche, wohin sie aus der Türkei kamen. Ihre charakteristische Füllung sind Grieben, Kartoffeln, Zwiebeln und natürlich Kirschen.

PELMENI AUF SIBIRISCHE ART

4 PORTIONEN
Für den Teig:
4 Gläser Mehl
1½ Glas Wasser
2 Eier
½ TL Salz
Für die Füllung:
400 g Rindfleisch
250 g Hammelfleisch
200 g Schweinefleisch
1–2 Zwiebeln
¾ Glas Brühe
Pfeffer, Salz, Zucker nach Geschmack
1 EL zerkleinertes Majoran

Einen (nicht zu festen) Teig mit einem Ei und der angegebenen Wassermenge kneten, mit einem Tuch abdecken und 25–40 Minuten stehenlassen. Derweil das Fleisch in Stücke schneiden, durch den Fleischwolf drehen, Brühe, Salz, Zucker, Pfeffer und Majoran dazugeben, alles verrühren und aus dem Gehackten Fleischbällchen mit 2 cm Durchmesser formen. Den fertigen Teig zu einer 2 mm dicken Schicht ausrollen und mit dem zweiten Ei bestreichen. Mit einem Glas Scheiben ausstechen, sie mit Gehacktem belegen und die Teigenden fest zusammendrücken. Die Pelmeni sind bereits fertig, aber es empfiehlt sich, die vor dem Kochen für ein paar Stunden ins Kalte zu stellen.
Die Pelmeni in gesalzenem siedendem Wasser etwa 5–6 Minuten kochen, dann auf eine Platte legen und mit Butter übergießen. Mit Sauerrahm oder Essig servieren.

PELMENI AUF HAUSMANNSART

Das Fleisch mit den Zwiebeln zweimal durch den Fleischwolf drehen, ein wenig Wasser hinzugeben, Salz und Pfeffer beifügen und gut verrühren. Den Teig separat zubereiten. Dazu das Ei in das Mehl schlagen, ein ¼ Glas Wasser beifügen, salzen, alles gut verrühren und zu einem festen Teig kneten. Den Teig fein ausrollen, mit einem Glas Scheiben ausstechen, auf jede kleine Fleischbällchen legen und die Teigränder zusammendrücken. Die Pelmeni etwa 10 Minuten in gesalzenem Wasser kochen. Vor dem Servieren mit kleingehackter Petersilie oder Dill bestreuen.

4 PORTIONEN
Für die Füllung:
200 g Rindfleisch
200 g Schweinefleisch
1–2 Zwiebeln
Salz und Pfeffer nach Geschmack
Für den Teig:
1½ Gläser Mehl
1 Ei
½ Glas Wasser

PELMENI MIT PILZEN

Den Teig wie im Rezept für die Pelmeni auf sibirische Art auf S. 67zubereiten. Für die Füllung die zuvor eingeweichten Trockenpilze mit Wasser kochen, abkühlen lassen und durch den Fleischwolf drehen. Mit den in Pflanzenöl gebratenen Zwiebeln vermischen und Salz, Pfeffer und Zucker hinzugeben. Mit der daraus entstandenen Masse die Teigscheiben (s. S. 67, *Pelmeni auf sibirische Art*) belegen. Die Pelmeni in gesalzenem siedendem Wasser etwa 5–6 Minuten kochen. Das fertige Gericht mit zerlassener Butter übergießen und mit Sauerrahm servieren.
Als Füllung können auch frische Pilze verwendet werden: Pfifferlinge, Steinpilze, Becherschwamm, Birkenpilze, Butterpilze. In diesem Falle werden die Pilze mit siedendem Wasser abgebrüht, mit kaltem und heißem Wasser gespült, kleingeschnitten und mit Zwiebeln gedünstet. Salz, Pfeffer und Kräuter hinzugeben.

4 PORTIONEN
Für den Teig:
4 Glas Milch
1½ Gläser Wasser
2 Eier
½ TL Salz
Für die Füllung:
200 g getrocknete Pilze
2 Zwiebeln
¼ Glas Pflanzenöl
Pfeffer, Salz und Zucker nach Geschmack

PELMENI MIT KOHL

Den Teig wie im Rezept für die Pelmeni auf sibirische Art auf S. 63 zubereiten. Den Kohl mit gekochtem Wasser waschen, die dicken Blattrippen entfernen, den Kohl mit einem Messer kleinhacken oder durch den Fleischwolf drehen. Dann die entstandene Kohlmasse mit dem auf ähnliche Weise gemahlenen Fleisch verrühren, die Fleischbrühe hinzugeben, die Füllung sorgfältig umrühren, die Teigscheiben damit belegen und die Pelmeni falten (s. S. 67, *Pelmeni auf sibirische Art*). Die Pelmeni in siedendem Salzwasser etwa 5–6 Minuten kochen. Mit Salzgemüse und frischen Kräutern servieren.

4 PORTIONEN
Für den Teig:
4 Gläser Milch
1½ Gläser Wasser
2 Eier
½ TL Salz
Für die Füllung:
200 g Schweinefleisch
500 g Weißkohl
1 Zwiebel
Pfeffer, Salz und Zucker nach Geschmack

8 PORTIONEN
Für den Teig:
4 Gläser Mehl
1½ Glas Wasser
2 Eier
½ TL Salz
Für die Füllung:
800 g Störfilet
4 Zwiebeln
30 g Dill
Salz nach Geschmack
Für die Brühe:
Salz und Pfeffer nach Geschmack
10 Pfefferkörner
2 Lorbeerblätter

PELMENI MIT STÖR

Den Teig wie im Rezept für die Pelmeni auf sibirische Art auf S. 63 zubereiten. Den Stör enthäuten, entgräten und entknorpeln, in kleine Stücke schneiden und mit den gehackten Zwiebeln und Dill vermengen, nach Geschmack Salz und Pfeffer dazugeben. Mit der entstandenen Füllung die Teigscheiben belegen (sie müssen größer sein als in dem oben angegebenen Rezept) und die Pelmeni falten. In einen Topf mit siedendem Salzwasser geben, Lorbeerblätter und Pfefferkörner beifügen. Die Pelmeni kochen, bis sie an die Oberfläche kommen, weitere 10 Minuten ziehen lassen. Mit der Kelle aus dem Topf holen und mit Dill bestreuen. Mit Sauerrahm, frischen Kräutern und der Brühe servieren, in der sie gekocht wurden.

PELMENI MIT LACHS

7 PORTIONEN
Für den Teig:
4 Gläser Mehl
1 Glas Milch
2 Eier
½ TL Salz
Für die Füllung:
800 g Lachsfilet
4 Zwiebeln
30 g Dill
Salz und Pfeffer nach Geschmack

Den Teig wie im Rezept für die Pelmeni auf sibirische Art auf S. 67 zubereiten. Den Fisch spülen, enthäuten und entgräten, in kleine Stücke schneiden, mit den Zwiebeln durch den Fleischwolf drehen, Pfeffer und Kraut hinzugeben und verrühren. Mit der entstandenen Füllung die Teigscheiben belegen, wie in dem Rezept auf S. 63, dann in siedendes Salzwasser geben. Wenn das Wasser erneut kocht und die Pelmeni an die Oberfläche kommen, weitere 5 Minuten ziehen lassen. Die Pelmeni mit einer Kelle aus der Brühe holen und mit Butter servieren.

2 PORTIONEN
15 Pelmeni
Öl zum Braten
20 g Dill

GEBRATENE PELMENI

Die zuvor eingefrorenen Pelmeni (sie müssen nicht unbedingt selbstgemacht sein, es gibt sie auch zu kaufen) von beiden Seiten in einer stark erhitzten Pfanne anbraten. Dann abdecken und auf kleiner Flamme fertiggaren. Mit Dill bestreuen und servieren.

WARENIKI MIT KARTOFFELN

7 PORTIONEN
Für den Teig:
4 Gläser Mehl
1 Glas Wasser
2 Eier
½ TL Salz
Für die Füllung:
750 g gekochte Kartoffeln
4 Zwiebeln
Öl zum Braten
1 Ei
30 g Dill
Salz und Pfeffer nach Geschmack

Es gibt eine Sichtweise, nach der sich Wareniki von Pelmeni durch die Füllung unterscheiden, die zuvor gegart wird. Den Teig wie im Rezept für die Pelmeni auf sibirische Art auf S. 63 zubereiten. Den Teig in 7–8 cm² große Quadrate ausstechen. Die Zwiebeln anrösten, die Hälfte davon in die zuvor geriebenen Kartoffeln geben. Das Ei, ein wenig Salz und Pfeffer hineingeben. Jeweils einen Teelöffel von dieser Füllung auf die Teigquadrate legen, dann die Wareniki formen. Die fertigen Wareniki auf ein großzügig mit Mehl bestreutes Blech legen, damit sie nicht festkleben, Dann einzeln in siedendes Salzwasser geben. Wenn die Wareniki an die Oberfläche kommen, weitere 5 Minuten kochen, dann mit der Schöpfkelle aus dem Topf holen und mit dem Rest der gerösteten Zwiebeln servieren.

QUARK-WARENIKI

4 PORTIONEN
½ Glas Mehl
1 Ei
½ Glas Wasser
2 Gläser Quark
4 EL Sauerrahm
1 EL Butter
Salz und Zucker nach Geschmack

Quark, Ei und Salz in das Mehl geben und zu einer homogenen Masse schlagen. Daraus einen daumendicken Strang ausrollen, den Teig etwas zusammendrücken und zu gleichgroßen Rauten ausstechen. Die Rauten in siedendes Wasser tauchen, wenn sie auftauchen, mit der Kelle aus dem Topf nehmen. Mit Sauerrahm übergießen, mit Zucker bestreuen und servieren.

WARENIKI MIT KIRSCHEN

7 PORTIONEN
Für den Teig:
4 Gläser Mehl
1 Glas Wasser
2 Eier
½ TL Salz
Für die Füllung:
2 Gläser Sauerkirschen
¾ Glas Zucker
1 Glas Sauerrahm
1 Ei

Den Teig wie im Rezept für die Pelmeni auf sibirische Art auf S. 67 zubereiten. Die Kirschen mit heißem, dann mit kaltem Wasser spülen, entkernen und mit Zucker bestreuen. Den Teig ausrollen, gleichgroße Quadrate ausstechen (s. S. 72, *Wareniki mit Kartoffeln*), mit Kirschen füllen und die Teigränder zusammendrücken. In siedendem Salzwasser garkochen, mit Sauerrahm servieren.

WARENIKI MIT HEIDELBEEREN

S. vorangegangenes Rezept

Für die Zubereitung für Wareniki mit Heidelbeeren, Brombeeren, Süßkirschen und Pflaumen gelten die gleichen Regeln wie für die Sauerkirschen. Wenn es keine frischen Beeren gibt, können konservierte oder getrocknete Früchte verwendet werden. Diese in warmem Wasser einweichen und auf kleiner Flamme in wenig Wasser kochen. Dann die entkernten Beeren mit Zucker bestreuen und auf die Wareniki legen. Das fertige Gericht mit Sauerrahm servieren.

WARENIKI MIT HUHN UND PILZEN

Den Teig zubereiten, wie im Rezept für die Pelmeni auf sibirische Art auf S. 67 angegeben, und mit der Zubereitung der Füllung beginnen. Zuerst im Fleischwolf das Hühnerfilet zerkleinern, dann die Champignons verlesen, spülen und kleinschneiden und anbraten. Die Pilze mit dem Hühnerfleisch vermengen, Sahne hinzugießen, ein wenig Salz hinzufügen und die Füllung gut auskneten. 30 Minuten ziehen lassen, und sie ist fertig. Danach die Wareniki zubereiten (s. S. 72, *Wareniki mit Kartoffeln*). Mit Küchenkraut und Gemüse servieren.

4 PORTIONEN
500 g Hühnerfilet
500 g Champignons
Öl zum Braten
Salz nach Geschmack
100 ml Sahne

SUPPEN

Keine einzige Kochschule auf der Welt ist durch derart viele Suppen vertreten, wie es bei der russischen der Fall ist. Gerade sie – herzhaft und heiß – halfen dabei, unter den Bedingungen des harten russischen Winters zu überleben. Diesen flüssigen Sud nannte man im alten Russland »Chljobowo« (hängt mit dem Wort für »Schlürfen« zusammen); das Wort »Suppe« ging unter Peter I. in die russische Sprache ein. Wegen ihrer Eigenschaft, die Verdauung anzuregen, wurden Suppen immer als erstes Gericht serviert. Das galt sowohl für die einfache Volksküche als auch für die Haute cuisine.

Ein Sonderplatz auf dem russischen Tisch gebührt den Schtschi – mit Kohl, aus Sauerampfer oder Brennnesseln. Die Liebe des Volkes zu diesem Gericht kommt in der Folklore zum Ausdruck: »Schtschi und Kascha – das ist unser Essen« – welcher Russe kennt diese Redewendung nicht! Eine Spielart der Schtschi, der Borschtsch, ist nicht weniger beliebt, besonders im südlichen Teil Russlands. Schtschi und Borschtsch müssen dick sein, damit der Löffel drin steht, deshalb sind sie auch so nahrhaft. Nahrhaftigkeit ist ja das entscheidende Kriterium der Volksküche. Andere, nicht minder leckere Suppen sind Rassolnik – den die Russen so gern mögen, weil sie traditionell eine Leidenschaft für Salzwaren haben – und Soljanka auf Basis einer sehr kräftigen Fleisch-, Fisch- oder Pilzbrühe – eine Mischung aus den unterschiedlichsten Lebensmitteln. Alle Suppen werden vor dem Servieren mit Sauerrahm versehen, der ein weiteres Lieblingsprodukt der Russen ist. Ein weiterer Hit unter den »ersten« Gerichten in Russland ist die Ucha aus frischem Fisch mit Kräutern. Es gab aber auch Betensuppen, Okroschka, kalte Gemüsesuppen… Diese Liste wurde ab dem 18. Jahrhundert durch verschiedene westeuropäische Suppen ergänzt. Aber nicht sie, sondern die uralten russischen Brühen machen bis heute das Wesen der nationalen Küche Russlands aus.

SCHTSCHI AUS FRISCHEM KRAUT

Für die traditionelle russische Kohlsuppe die Fleischbrühe kochen, Petersilienwurzel und Zwiebel beigeben und den Schaum abschöpfen. Nach einer Stunde Kochen salzen, Petersilienwurzel und Zwiebel entfernen. Wenn das Fleisch gar ist, das gehobelte Kraut in den Topf geben, wenn die Brühe zum Sieden kommt, die mittelgroß geschnittenen Kartoffeln zufügen. Kochen, bis die Kartoffeln gar sind, danach die Zwiebel und die Möhre hinzugeben (die Zwiebel kleinschneiden, die Möhre in Streifen hobeln; wenn die Zwiebel glasig wird und die Möhre hell, weiter mit Tomatenmark dünsten). Die Schtschi zum Sieden bringen, auf kleiner Flamme weitere 5 Minuten kochen. Zum Schluss Pfeffer, mit Salz geriebenen Knoblauch und die feingehackten Kräuter hinzugeben. Vor dem Servieren 15 Minuten ziehen lassen, mit Sauerrahm ansetzen.

6 PORTIONEN
2 l Wasser
800 g Sauerkraut
500 g Rinder- oder Schweinefleisch
2–3 Kartoffeln
1 Möhre
2 Zwiebel
1 Petersilienwurzel
Petersilie und Dill
1 EL Tomatenmark
Salz, Pfeffer und Knoblauch nach Geschmack
Pflanzenöl

6 PORTIONEN
2 l Wasser
800 g Sauerkraut
400 g Rindfleisch
200 g Rinderknochen
3–4 Petersilienwurzeln
2–3 Zwiebeln
3–4 EL Tomatenmark
3 EL Mehl
100 g Butter
100 g Sauerrahm

SCHTSCHI FÜR DEN NÄCHSTEN TAG

Der Name rührt da her, dass die Suppe erst am nächsten Tag nach der Zubereitung gereicht wird.

In einem Topf mit 2 Litern Wasser eine Brühe aus Fleisch und Knochen kochen. In einer Pfanne (ohne Öl) das Mehl goldbraun rösten, den Kohl, die feingehackten Zwiebeln und Möhren und Tomatenmark hinzugeben, und mit Butter 35–40 Minuten dünsten. Dann alles in den Topf mit der Brühe geben, zum Sieden bringen und nach Geschmack geriebenen Knoblauch dazugeben. Die Schtschi am nächsten Tag servieren, weil sie dann noch besser schmecken.

SCHTSCHI AUS SAUERKRAUT*

Die Schweine- und Rinderbrust schneiden, mit Wasser übergießen und 1,5 Stunden kochen. Die grobgeschnittenen Kartoffelstücke in die Brühe geben und halbgar kochen. Das Sauerkraut in die Brühe geben und 40 Minuten auf kleiner Flamme kochen. Während das Kraut gart, Zwiebeln und Möhre schneiden und in Pflanzenöl anbraten. Das Gemüse etwa 5 Minuten sieden und den Stschi zerkleinerten Knoblauch, Zucker, und Pfeffer hinzugeben, das Lorbeerblatt nicht vergessen. Die Schtschi mit kleingehackten Kräutern und Sauerrahm servieren. Für die Zubereitung von Fasten-Stschi statt Fleischbrühe Wasser nehmen. Den Fasten-Schtschi können zusammen mit Kohl 100 Gramm ganzer oder zerkleinerter Stint beigegeben werden.

6 PORTIONEN
2 l Wasser
250 g Schweinebrust
250 g Rinderbrust
250 g Sauerkraut
2–3 Kartoffeln
1 Möhre
2 Zwiebeln
2 Knoblauchzehen
Zucker, Salz, Kräuter, Pfeffer und Lorbeerblatt nach Geschmack

BORSCHTSCH*

Während das Brustfleisch gart, die leicht in Pflanzenöl angerösteten Zwiebeln, Möhren und Paprikaschoten mit den feingeschnittenen Tomaten und 2–3 Esslöffeln Tomatenmark 10 Minuten in wenig Öl braten. Die grob geriebene rote Bete hinzugeben und weitere 5 Minuten dünsten. Nach 1,5 Stunden das Brustfleisch aus der Brühe nehmen, die in Streifen geschnittenen Kartoffeln in die kochende Brühe geben und 5 Minuten kochen. Das gedünstete Gemüse in die Brühe geben, zum Kochen bringen und 5 Minuten köcheln. Zum Schluss den in Streifen gehobelten Kohl und das in Stücke geschnittene Brustfleisch in den Borschtsch geben. Den Borschtsch mit Knoblauch, Salz und frisch gemahlenem Pfeffer würzen, zum Abschluss ein Lorbeerblatt, Sellerie und Petersilie beigeben.
Zum Borschtsch Sauerrahm reichen. Für den Borschtsch kann frische oder eingelegte Rote Bete genommen werden. Für Fasten-Borschtsch statt Fleischbrühe Wasser nehmen.

6 PORTIONEN
2 l Wasser
500 g Schweine- oder Rinderbrust
2 Rote Beten
150 g Weißkohl
1–2 Möhren
1–2 Zwiebeln
1 große Paprikaschote
2–3 frische Tomaten
2–3 EL Tomatenmark
2–3 Knoblauchzehen
Öl zum Braten
Salz, Pfeffer und Küchengemüse nach Geschmack

BRENNNESSEL-SCHTSCHI*

6 PORTIONEN
2 l Wasser
500 g Hühnerfleisch
300 g Brennnesseln
100 g Sauerampfer
2 Zwiebeln
3 Kartoffeln
Öl zum Braten
4 EL 9-prozentigen Essig
2 Eier
Salz, Pfeffer und Kräuter nach Geschmack

Das Hühnerfilet in Stücke schneiden und unter Abschäumen eine Brühe kochen. Die Kartoffeln in feine Streifen schneiden, in die Brühe geben und 5 Minuten kochen. Die leicht in Pflanzenöl angerösteten Zwiebeln, die überbrühten und zerkleinerten Brennnesseln hinzugeben und weitere 5 Minuten kochen. Petersilie und Sauerampfer hineingeben, die Schtschi zum Kochen bringen und langsam, unter ständigem Rühren, zwei rohe geschlagene Eier dazugeben. Die fertigen Schtschi mit Sauerrahm reichen. Wer die Schtschi sauer mag, kann etwas Essig oder Zitronensaft hinzugeben. Zur Info: Mai-Brennnesseln bleiben von Saison zu Saison frisch, wenn sie im Gefrierfach in einem mit Luft gefüllten Plastikbeutel aufbewahrt werden.

GRÜNER BORSCHTSCH*

Rinderbrühe kochen. Die in Würfeln geschnittenen Kartoffeln beigeben und 10 Minuten kochen. Die Zwiebeln schneiden, in Pflanzenöl anbraten, in die Brühe geben und 5 Minuten kochen. Grob gehackten Sauerampfer, Salz, Pfeffer und Kraut hinzugeben und weitere 5 Minuten kochen. Vor dem Servieren ein gekochtes Ei, Sauerrahm und Lauch in den Borschtsch geben. Für grünen Borschtsch kann auch eingelegter Sauerampfer verwendet werden – 8 Esslöffel auf 4–5 Portionen. Wenn man kurz vor Schluss einen Esslöffel Weizengrieß in den Topf gibt, wird der grüne Borschtsch nahrhafter.

6 PORTIONEN
2 l Wasser
500 g Rindfleisch
250 g Sauerampfer
3–4 Kartoffeln
2 Zwiebeln
2 Eier
20 g Schnittlauch
Öl zum Braten
Salz, Pfeffer und Kräuter nach Geschmack

SAUERAMPFER-SUPPE

6 PORTIONEN
2 l Wasser
500 g Rindfleisch
400 g Sauerampfer
3–4 Kartoffeln
2 Zwiebeln
2 Eier
20 g Schnittlauch
Öl zum Braten
Salz, Pfeffer und Kräuter nach Geschmack

Die meistgeliebte Frühlingssuppe. Sie ist sehr gesund, denn ihre Hauptzutat – der Sauerampfer – enthält eine breite Palette an Vitaminen und Spurenelementen.
Sauerampfer kommt in Gemüsesuppen, die auf Brühe oder Wasser angesetzt werden, aber erst wenige Minuten vor dem Garwerden. Die Suppe unbedingt mit kleingehackten Kräutern, Lauch und geviertelten gekochten Eiern reichen. Mit ihrem leichten und angenehmen Geschmack ist die Suppe heiß oder kalt gleich lecker.

GEMISCHTE FLEISCH-SOLJANKA

Ein »Hit« der sowjetischen Restaurant-Kultur, ähnlich den »Kater-Suppen« aus alter Zeit.
Die Brühe kochen. Die Zwiebel anbraten und mit der gehobelten Möhre und Tomatenmark dünsten. Das Fleisch und die anderen Zutaten schneiden. Alles in die siedende Brühe geben und 10 Minuten mit den Gewürzen kochen. Vom Herd nehmen und Oliven, Zitronenscheiben, Sauerrahm und gehackte Kräuter beigeben.

6 PORTIONEN
2 l Wasser
500 g Knochenfleisch
100 g Räucherwurst
50 g Kochschinken
3 Würstchen
10 Oliven
4 Salzgurken
1 Zwiebel
1 Möhre
Butter zum Braten
⅕ Zitrone
2 EL Tomatenmark
Sauerrahm
3 schwarze Pfefferkörner
1 Lorbeerblatt
Salz und Kräuter nach Geschmack

FLEISCHKLÖSSCHEN-SUPPE

6 PORTIONEN
2 l Wasser
500 g Knochenfleisch
1 Zwiebel
1 Möhre
3 Kartoffeln
1 Ei
3 EL Mehl
Salz und Pfeffer nach Geschmack
Kräuter
Öl zum Braten

Das Fleisch garkochen und herausnehmen. Die in mittelgroße Stücke geschnittenen Kartoffeln mit der Zwiebel und der Möhre in die Brühe geben. Die Klöße folgendermaßen zubereiten: durch den Fleischwolf drehen, das Ei zugeben, die feingehackten Kräuter und Mehl hinzufügen, salzen, pfeffern und gut verrühren. Die entstandene Masse teelöffelweise in die siedende Brühe geben, salzen, ein Lorbeerblatt hinzugeben und die Suppe 10 Minuten auf kleiner Flamme kochen. Beim Servieren mit gehackten Kräutern bestreuen.

ERBSENSUPPE

8 PORTIONEN
3 l Wasser
600 g geräucherten Rollschinken
500 g Erbsen
6 Kartoffeln
1 Möhre
1 Zwiebel
2–3 Knoblauchzehen
Pflanzenöl
Salz, Pfeffer und Kräuter nach Geschmack

Die gewaschenen Erbsen mit kaltem Wasser übergießen und 5 Stunden stehenlassen (geschälte grüne Erbsen lassen sich gleich kochen). Den Rollschinken etwa 2 Stunde garen, bis sich das Fleisch von den Knochen löst, dann aus der Brühe nehmen. Die Erbsen in das siedende Wasser geben. Nach 30 Minuten Kochzeit die gewürfelten Kartoffeln dazugeben und weitere 20 Minuten kochen. Dann die geröstete Zwiebel und Möhre und das geschnittene Fleisch in den Topf geben, salzen, pfeffern und 10 Minuten garen. Die Flamme ausmachen, kleingehackte Kräuter und Knoblauch in die Suppe geben und ziehen lassen.

RASSOLNIK MIT ENTENKLEIN*

Entenklein, Hals und Flügel 30 Minuten kochen, dabei Schaum abschöpfen. Die Leber kommt ganz zum Schluss dazu, weil sie nur 5 Minuten zum gar werden braucht. Die grob geschnittenen Kartoffeln und die zuvor gekochten Gerstengraupen in die siedende Brühe geben. Salzgurken von Haut und Samen befreien, in Rauten schneiden, 5 Minuten andünsten und in ein Nudelsieb schütten.

Die Gurken mit den kleingehackten Zwiebeln und Möhre in Öl unter Beigabe von Butter anbraten. Das angebratene Gemüse in die Brühe geben. Salzen, Pfeffer, Lorbeerblatt und Kräuter beigeben und weitere 5 Minuten garen. Zum Rassolnik wird traditionell Sauerrahm gereicht.

6 PORTIONEN
2 l Wasser
500 g Entenklein
½ Glas Gerstengraupen
2–3 Kartoffeln
1–2 Zwiebeln
1 Möhre
2–3 Salzgurken
Öl zum Braten
Lorbccrblatt
Salz, Pfeffer und Kräuter nach Geschmack

HÜHNERSUPPE

6 PORTIONEN
2 l Wasser
1 Huhn
1 Zwiebel
1 Möhre
1 Petersilienwurzel
1 Selleriewurzel
Salz nach Geschmack
Kräuter

Hühnersuppe wird überall auf der Welt gegessen. Bei richtiger Zubereitung ist sie gesund, nahrhaft und aromatisch. Auch in Russland gibt es eigene Rezepte für diese Suppe. Die Hälfte des Erfolgs ist in der gut zubereiteten Brühe verborgen. Dafür muss das Huhn vor allem zerlegt und gut gewaschen werden, dann kommt es in den Topf, unter Beigabe von Möhre, Petersilie und Zwiebel. Mit Wasser übergießen und 1,5 Stunden unter leichtem Sieden kochen. Ständig abschäumen, damit die Brühe klar wird. Dann das Huhn herausnehmen und hausgemachte Bandnudeln oder andere Nudelsorten zu der siedenden Brühe geben. Erst kurz vor dem gar werden salzen und das in Stücke geteilte Hühnerfilet und Kräuter hinzugeben.

UCHA AUF ZARENART*

Die Ucha auf Zarenart wird in der Regel auf Basis von Hühnerbrühe zubereitet. Die geschnittenen Zwiebeln in die kochende Hühnerbrühe geben und 5 Minuten kochen. Den Fisch in Stücke schneiden. Zuerst den Stör (oder jede andere Art von Störfisch) in die Brühe geben, nach 5 Minuten den Lachs (oder jede andere Atz von Lachsfisch). Die Ucha zum Sieden bringen, abschäumen und weitere 10 Minuten kochen. 2–3 Minuten vor dem Garwerden nach Belieben Salz, Pfeffer, Lorbeerblatt und kleingehackten Knoblauch hinzufügen. Die fertige Ucha zum Servieren mit Kräutern bestreuen.

Die Ucha auf Zarenart ist noch schmackhafter, wenn man einen Esslöffel Wodka in den Teller gibt.

4–5 PORTIONEN
800 ml Hühnerbrühe
250 g Stör
100 g Lachs
2 Zwiebeln
2 Knoblauchzehen
Salz, Kräuter und Pfeffer nach Geschmack

FISCH-SOLJANKA*

4–5 PORTIONEN	
800 ml Wasser	5-8 Pfefferkörner
500 g Störfilet	1 EL Kapern
2–3 Salzgurken	1 Lorbeerblatt
4 EL Tomatenmark	20 Oliven
Öl zum Braten	Salz, Kräuter und Pfeffer nach Geschmack

Zur Zubereitung einer kräftigen Fischbrühe Störköpfe, Rückenpartie, Flossen und die Bauchpartie nehmen, mit einer Möhre und einer Zwiebel 30 Minuten kochen lassen. Die Brühe durchseihen und nach Geschmack mit Salz und gemahlenem schwarzem Pfeffer würzen. Von den garen Fischköpfen die Zutaten für die Soljanka nehmen – Wangen, Rückenpartie und Weichknorpel. Störfleisch-Stücke in die Brühe geben und weitere 5 Minuten kochen. Salzgurken von Haut und Samen befreien, in Würfel schneiden und separat leicht andünsten. Die kleingehackte Zwiebel in Pflanzenöl anbraten, Salzgurken und Tomatenmark in die Pfanne geben und die Zwiebel weitere 10 Minuten anbraten. Die Einlage aus mit Tomatenmark gebratenem Gemüse und feingehackten Kräutern in die Fischbrühe geben und aufkochen. Zum Schluss Knorpel und Rückenpartien zu der Soljanka geben, Oliven und Kapern hinzugeben. Wir empfehlen beim Servieren eine Zitronenscheibe und Kräuter auf die Teller zu legen.

STERLET-UCHA MIT KREBSSCHWÄNZEN UND AALRAUTENLEBER*

Den Sterlet mit siedendem Wasser überbrühen, den Schleim entfernen, putzen, waschen und in Stücke schneiden. Aus den Sterletköpfen, Schwänzen und Rückenpartien eine Fischbrühe kochen und durchseihen. Die in Streifen geschnittene Zwiebel in die Brühe geben, die Sterlet-Stücke hinzugeben und 15 Minuten kochen. Die Ucha salzen und pfeffern, 5 Minuten vor dem Garwerden die Krebsschwänze und Aalrautenleber hinzugeben und aufsieden. Mit Petersilie und Dill reichen. Die Aalrautenleber 3-4 Mal zum Sieden bringen, jedes Mal das Wasser abgießen, um den strengen Geruch loszuwerden.
Die Brühe in der Ucha wird schön goldfarben, wenn beim Kochen Zwiebeln mit der letzten Schicht Schale genommen werden.

4–5 PORTIONEN
800 ml Wasser
200 g Sterlet
100 g Aalrautenleber
80 g Krebsschwänze
2 Zwiebeln
1 EL Butter
Salz, Kräuter und Pfeffer nach Geschmack

KÜRBISSUPPE MIT ENTENLEBER*

Den Kürbis schälen, in Stücke schneiden, mit Wasser übergießen und 15 Minuten bis zum Garwerden kochen, dann das Wasser abgießen. Sahne in den Topf mit Kürbis geben, salzen, zu einer festen Masse schlagen und unter Rühren aufkochen. In einer erhitzten Pfanne die kleingeschnittene Enten- oder Gänseleber in Butter braten. Die geschälten Kürbiskerne im Backofen leicht anrösten. Die fertige Suppe auf die Teller verteilen. Entenleber, Kürbiskerne und feingehackte Kräuter beigeben. Zusätzlich mit Maulbeeren oder gedämpften entkernten Rosinen garnieren.

4–5 PORTIONEN
500 ml Wasser
500 g Kürbis
150 g fette Sahne
150 g Enten- oder Gänseleber
2 EL geschälte Kürbiskerne
Butter zum Braten
Salz und Dill nach Geschmack

SNETKI-SUPPE

4–5 PORTIONEN
1 l Wasser
200 g Stint
4 Kartoffeln
1 Möhre
1 Zwiebel
1 EL Mehl
½ Glas Milch
Öl zum Braten
Salz und Pfeffer nach Geschmack

Snetki sind getrocknete Süßwasserstinte, die im Norden vorkommen. Eine Suppe daraus schmeckt hervorragend. Der Fisch muss nur zuvor 2 Stunden lang in Wasser eingeweicht werden. Die Köpfe entfernen (aber nicht entgräten, sonst wird die Suppe nicht so lecker, wie sie soll), mit der zuvor gebratenen Zwiebel und Möhre dünsten. Die in Würfeln geschnittenen Kartoffeln in kochendes Wasser geben, wenn sie halbgar sind, Zwiebeln, Gemüse und zerkleinerte Snetki hinzufügen. Wenn die Suppe fertig ist, Milch mit darin aufgelöstem Mehl dazu gießen und die Suppe aufkochen. Mit Sauerrahm und Kräutern servieren.

FISCH-OKROSCHKA

4–5 PORTIONEN
800 ml Kwas
200 g Kabeljau
120 g frische Gurken
3–4 gekochte Kartoffeln
4 gekochte Eier
4 EL gehackter Schnittlauch
10 g Sauerrahm
Salz und Kräuter nach Geschmack

Okroschka ist eine kalte Suppe auf Kwas-Basis. Sie kann Fleisch, Fisch oder nur Gemüse enthalten. Fisch mit neutralem Geschmack gehört zu den bevorzugten Zutaten der Okroschka.

Das geputzte und entgrätete Fischfilet dünsten (in wenig Wasser kochen). Den sauren Kwas (s. Rezept auf S. 200) durchseihen und salzen; die in kleine Würfel geschnittenen, geschälten frischen Gurken, die gekochten Kartoffeln und Eier, feingehackten Dill, Petersilie und Lauch hinzugeben; den Sauerrahm unterrühren. Mit kleinen Stücken Fisch servieren.

ROTE-BETE-SUPPE

6 PORTIONEN
2 l Wasser
1–2 Rote Bete
5 frische Gurken
5 gekochte Eier
Schnittlauch und Dill nach Geschmack
½ Zitrone
Salz und Zucker nach Geschmack

Hat viel Ähnlichkeit mit Borschtsch, aber hier gibt es keinen Kohl, und die Suppe kann sowohl heiß als auch kalt gereicht werden. Zudem ist sie einfacher in der Zubereitung und erinnert darin an die Okroschka: alles wird zuerst geschnitten und dann mit dem Rote-Bete-Sud, Kwas oder Kefir übergossen.
Die gut gewaschene und geschälte Rote Bete in Salzwasser geben und bis zum Garwerden kochen (etwas Essig oder Zitronensaft in den Topf geben, damit die Rote Bete nicht ihre Farbe verliert). Abkühlen und in Streifen schneiden. Die frischen Gurken kleinschneiden, den Lauch fein und die Eier grob schneiden. Alles vermengen und mit dem Rote-Bete-Sud aufgießen, die feingehackten Kräuter dazu geben, Salz und Zucker nach Geschmack beifügen. Genau wie Borschtsch, schmeckt die Rote-Bete-Suppe am zweiten Tag viel besser. Mit Smetana anrichten und mit Kräutern bestreuen – und auf den Tisch damit!

KALTE TOMATENSUPPE*

Den Tomatensaft kaltstellen. Die enthäuteten und geschnittenen reifen Tomaten, die kleingehackte Zwiebel und Knoblauch, ein wenig Salz und frisch gemahlenen schwarzen Pfeffer hinzugeben. Vor dem Servieren kleingehackte Petersilie, Dill und Lauch beifügen.

4–5 PORTIONEN
800 ml Tomatensaft
400 g frische Tomaten
1 Zwiebel
3–4 Knoblauchzehen
50 g verschiedene Kräuter
Salz und Pfeffer nach Geschmack

OKROSCHKA*

Den sauren Kwas durchseihen, Salz und geriebenen Rettich nach Geschmack hinzufügen. Die geschälten frischen Gurken und die gekochten Kartoffeln in kleine Würfel schneiden. Die Radieschen kleinschneiden und grob reiben. Das Kochfleisch oder die Kochwurst in kleine Würfel schneiden. Das Gemüse vermengen, mit zerhacktem Dill bestreuen, abkühlen lassen und dem Kwas hinzugeben. Mit geschnittenen Eiern, Sauerrahm, kleingehacktem Dill, Petersilie und Lauch servieren.
Statt Radieschen kann für die Okroschka geriebener Schwarzrettich genommen werden; auch das Fleisch kann weggelassen werden.

4–5 PORTIONEN
800 ml Kwas
200 g Kochfleisch oder -wurst
120 g frische Gurken
2–3 gekochte Kartoffeln
4 gekochte Eier
4 EL geschnittener Lauch
5 kleine Radieschen
10 g Sauerrahm
Salz, Kräuter und Meerrettich nach Geschmack

FLEISCHGERICHTE

Fleisch nimmt in vielen Küchen der Welt einen äußerst wichtigen Platz ein. Unter den Bedingungen des rauen russischen Winters sind die in ihm enthaltenen Fette und Eiweiße besonders wichtig. Auf dem Tisch der Urbewohner Russlands, die Jäger und Viehhalter waren, gab es das Fleisch von Wild und Hausvieh im Überfluss. Eine Ausnahme waren unberührbare, heilige Tiere, wie etwa der Bär. Als das Christentum an die Stelle des Heidentums trat, änderte sich auch die Ration der Russen. Die große Zahl an Fastentagen führte dazu, dass Fleisch auf dem Tisch des einfachen Volkes ein seltener Gast wurde.

Die Verarbeitung von Fleisch, so wie auch anderer Produkte, war in der Rus nicht sonderlich kompliziert. Sie geschah im Ofen, nicht am offenen Feuer, denn Fleisch wurde gekocht, gedünstet oder gebraten gegessen und dabei in ganzen Stücken auf den Tisch gebracht. Zu Zeiten Peters I. nahm der europäische Einfluss merkbar zu. Das galt vor allem für die Kost der privilegierten Schichten. Eine Korrektur brachte auch das Aufkommen des Herds ein, der die Zubereitung von Gebratenem ermöglichte: Rindstücke aller Art, Schnitzel und Koteletts. Aber das kulinarische Schöpfertum der Russen funktionierte auch so manche ausländischen Speisen in nationale um. So entstanden die Buletten »Posharskije« oder das Fleisch auf Stroganow-Art – das Boeuf Stroganoff.

Die Auswahl an Fleischgerichten in Russland beinhaltet heute sowohl alte russische Speisen als auch solche, die sich unter ausländischem Einfluss bei uns ausgebreitet haben. Ergänzt werden sie durch Neuheiten, die den modernen Geschmack widerspiegeln. Bevorzugt wird Lamm, Rind, Schwein, Hammel und Nebenprodukte mit Beilagen wie Nudeln, Grützen, Gemüse und Kräutern.

SCHWEINEFLEISCH AUF RUSSISCHE ART

In Russland mit seinen strengen Wintern war saftiges, nahrhaftes Schweinefleisch schon immer ein gefragtes Produkt. Dieses Gericht mit dem für dem für sich selbst sprechenden Namen wird folgendermaßen zubereitet: Eine Schicht in Ringe geschnittener Zwiebeln in ein dickwandiges Gefäß geben. Darauf die gesalzenen und gepfefferten Stücke Schweinefleisch legen und sie mit den gehobelten Möhren unter Beigabe der Lorbeerblätter bedecken. So viel Wasser hineingießen, bis die letzte Schicht der Zutaten leicht bedeckt ist. Wenn die Flüssigkeit kocht, die Flamme herunter drehen und 1 Stunde auf dem Herd garen lassen.

3 PORTIONEN
500 g mageres Schweinefleisch
2 Zwiebeln
4 Möhren
2 Lorbeerblätter
Salz und Pfeffer nach Geschmack

PANIERTES SCHWEINEFLEISCH

TDiese Art der Zubereitung macht das Schweinefleisch weicher und saftiger als sonst.

Das in große Stücke geschnittene Fleisch gut klopfen, salzen und pfeffern. Jedes Stück zuerst in Mehl wenden, dann in das Gefäß mit den geschlagenen Eiern geben und dann im Paniermehl wenden, bis das Fleisch mit einer dicken Schicht davon bedeckt ist. Durch das Paniermehl bekommt das Fleisch beim Braten eine schöne goldene Kruste, die verhindert, dass der Saft ausläuft. Das gebratene Fleisch 15–20 Minuten abgedeckt in den Ofen stellen. Mit kleingeschnittenen Kräutern und beliebiger Beilage servieren.

6 PORTIONEN
800 g mageres Schweinefleisch
4 EL Mehl
1 Glas Paniermehl
2 Eier
Salz und Pfeffer nach Geschmack
Kräuter
Öl zum Braten

3 PORTIONEN
500 g Hammelfleisch
2 Möhren
2 Zwiebeln
2 EL Tomatenmark
Salz, Pfeffer, Knoblauch, Lorbeerblätter und Kräuter nach Geschmack

HAMMELBRATEN

Hammelfleisch gehört zu vielen kaukasischen Gerichten, ist aber auch in der russischen Küche ein gern gesehener Gast.

Das Fleisch (egal, welches Stück) in Stücke schneiden, goldbraun braten, in den Schmortopf geben, mit Brühe übergießen, die angebratenen Zwiebeln und Tomatenpüree hineingeben und zugedeckt 40 Minuten dünsten. Die in Scheiben geschnittenen Möhren passieren, mit den kleingehackten Zwiebeln vermengen und zum Fleisch geben. Salzen und pfeffern, Knoblauch und Lorbeerblatt beifügen, das alles weitere 15–20 Minuten dünsten. Beim Servieren mit Gemüse und Kräuter garnieren.

RINDFLEISCH IM BACKTEIG

Das Fleisch enthäuten, waschen und gut entwässern. Gegen die Fasern in Stücke schneiden, mit Gewürzen, Salz und Pfeffer einreiben. Den Backteig anrühren: die geschlagenen Eier mit der Stärke, ein wenig Wasser und Butter vermengen. Das Fleisch zweimal im Paniermehl wenden, damit der Saft nicht austritt.

Eine Pfanne erhitzen und die Fleischstücke auf mittlerer Flamme jeweils 10 Minuten von beiden Seiten braten, bis eine leichte goldbraune Kruste entsteht. Auf kleinster Flamme gar werden lassen.

3 PORTIONEN
500 g Rinderfilet
4 Eier
2 EL Pflanzenöl
1 EL Kartoffelstärke
1 EL Butter
4–5 EL Paniermehl
Pfeffer, Fleischgewürz und Salz nach Geschmack

GEBRATENES RINDERFLEISCH

Das Rindfleisch in mehrere Stücke schneiden, salzen und pfeffern, ein wenig mit Pflanzenöl bestreichen und eine Stunde marinieren. Eine Pfanne (am besten gusseisern, dickwandig) mit ein wenig Pflanzenöl erhitzen und das Fleisch auf mittlerer Flamme 5–6 Minuten von beiden Seiten braten, bis sich eine braune Kruste bildet. Dann 10–15 Minuten abgedeckt ohne Hitze stehenlassen.

Die fertigen Fleischstücke auf eine Platte legen, den übriggebliebenen Bratensaft darüber gießen und mit Bratkartoffeln, einer anderen Beilage, Salaten oder einfachem Gemüse reichen.

6 PORTIONEN
800 g Rindfleisch (Bauchlappen)
50 g Pflanzenöl
Salz und Pfeffer nach Geschmack

4–5 PORTIONEN
700 g schieres Schweinefleisch
1 Möhre
1 Zwiebel
4 Kartoffeln
2 EL Pflanzenöl
Schwarze Pfefferkörner
Salz
Kräuter

BRATEN IM TOPF

In Tontöpfen zubereitete Gerichte sind in letzter Zeit sehr beliebt geworden. Dazu sind sie leckerer und schöner anzusehen, als Essen auf gewöhnlichem Geschirr.

Das Schweinefleisch waschen, trocknen, in Stücke schneiden und in einer Pfanne mit siedendem Öl auf starker Flamme anbraten. Das Fleisch in die Töpfe geben, Pfeffer und dick geschnittene Kartoffeln, die in Scheiben geschnittene Möhre und Zwiebel hinzufügen, mit Brühe übergießen, salzen und 30 Minuten in den Ofen stellen.

Vor dem Servieren mit Kräutern bestreuen.

4–5 PORTIONEN
500 g mageres Schweinefleisch
400 g frische Pilze
1 kg Kartoffeln
1 Zwiebel
1 Möhre
2 EL Pflanzenöl
8 Backpflaumen
100 g Sauerrahm
Pflanzenöl
Kräuter, Lorbeerblätter
Schwarzer gemahlener Pfeffer, Salz nach Geschmack

SHARKOJE MIT PILZEN

Dieser Schmorbraten wird in Keramiktöpfen ganz besonders lecker und aromatisch. Das Fleisch dünsten, die Pilze, Kartoffeln, die Möhre und die Zwiebel anbraten. Alle Zutaten zu gleichen Teilen in die Töpfe legen. Backpflaumen, Lorbeerblätter, schwarzen gemahlenen Pfeffer und Salz beigeben, den vom Dünsten aller Zutaten übriggebliebenen Saft, mehrere Esslöffel Wasser und 1 Esslöffel Sauerrahm hinzugeben und die Töpfe in den vorgeheizten Ofen stellen. Wenn der Braten kocht, abdecken und den Ofen auf niedrige Temperatur stellen. Nach etwa 2 Stunden ist das Gericht fertig.

4–5 PORTIONEN
500 g Kaninchenfleisch
60 g Steinpilze
1 Möhre
2 Zwiebeln
Öl zum Braten
Salz, Pfeffer und Kräuter nach Geschmack
Trockener Weißwein nach Geschmack

KANINCHENBRATEN MIT PILZEN

Bekanntlich ist Kaninchenfleisch das beste Diätfleisch, denn es enthält praktisch kein schädliches Cholesterin. Außerdem wird es wegen seiner Geschmacksqualitäten geschätzt.
Das Kaninchenfleisch mit Knochen in 30–40 Gramm schwere Stücke hacken und leicht in Öl anbraten. Zwiebeln, Möhre und Steinpilze schneiden und mit den Fleischstücken halbgar braten. Alles in den Topf geben und mit ein wenig Wasser übergießen. Salz und frisch gemahlenen Pfeffer beifügen und 30 Minuten dünsten. 10 Minuten vor Schluss ein wenig Weißwein in den Topf gießen. Mit Kartoffelpüree, Salzgemüse und Kräuter servieren.

IM TOPF GESCHMORTES KANINCHENFLEISCH

Das Kaninchenfleisch mehrere Stunden in kaltes Wasser legen. Abwaschen, in große Stücke schneiden und auf großer Flamme anbraten. Wenn das Fleisch eine goldbraune Kruste bekommt, die Pfanne vom Feuer nehmen und die Fleischstücke in den Topf geben und mit feingeschnittenen Zwiebeln und Möhrenscheiben vermengen. Die Sauerrahm-Sauce hinzugeben (dazu Mehl cremefarben anschwitzen, mit heißem Sauerrahm verrühren, aufkochen lassen, sorgfältig umrühren, damit sich keine Klumpen bilden). Durch die Gewürze kommt der erlesene Geschmack von Kaninchenfleisch besonders zur Geltung, dazu empfiehlt sich eine Kombination von Dill, Koriander, Majoran, Petersilie und natürlich feingehacktem Knoblauch sowie gemahlenem Pfeffer. Den Topf abdecken und bei 160–180 Grad etwa 2 Stunden im Ofen garen.

4–5 PORTIONEN
500 g Kaninchenfleisch
3 Zwiebeln
1 Möhre
1 Glas Sauerrahm
½ EL Mehl
Salz, Pfeffer und Knoblauch nach Geschmack
Kräuter

4 PORTIONEN
400 mageres Fleisch
4 EL Butter
2 EL Tomatenmark
4 EL Mehl
4 EL Sauerrahm
Öl zum Braten
Salz und Pfeffer nach Geschmack
Petersilie

BOEUFF STROGANOFF

Dieses beliebte Gericht der russischen Küche kam Ende des 19. Jahrhunderts auf und hat seinen Namen von dem für seine Gastfreundschaft berühmten Graf Stroganoff.

Das Fleisch enthäuten, quer zur Faser in Stücke schneiden, klopfen, fein schnetzeln und in einer mit Öl erhitzten Pfanne anbraten. Wenn es goldbraun ist, in den Schmortopf geben, die angerösteten Zwiebeln und Mehl hinzufügen und weitere 2–3 Minuten braten. Alles mit dem angerösteten Tomatenmark vermengen, Sauerrahm in einer Pfanne unterrühren und anwärmen (nicht zum Kochen bringen). Vor dem Servieren mit Bratkartoffeln und feingehackten Kräutern garnieren.

WURST HAUSGEMACHT

4–5 PORTIONEN
800 g mageres Rindfleisch
800 g mageres Schweinefleisch
200 g Speck
3–5 Knoblauchzehen
Salz, Pfeffer und Zucker nach Geschmack
Öl zum Braten

Es gibt viele Spielarten von hausgemachter Wurst, so wie es auch viele Rezepte für ihre Zubereitung gibt. Wir schlagen eins der einfachsten und beliebtesten vor. Das Fleisch in Stücke schneiden, salzen und pfeffern, zerdrückten Knoblauch und Zucker hinzugeben (eventuell auch ein wenig Stärke und Wasser), dann den in Würfel geschnittenen Speck hinzugeben. Die Masse in die gereinigten Därme geben, diese fest verschließen und 1 Stunde aufhängen, nachdem die Hülle mit einer dünnen Ahle durchstochen wurde, um die Luft herauszulassen. Die Wurst 40–50 Minuten auf einem Blech bei 200 Grad im Ofen braten. Wenn an der Wurstoberfläche eine schöne Kruste entsteht und von innen beim Durchstechen Saft ohne Blut austritt, ist die Wurst fertig. An einem kalten und gut gelüfteten Ort aufbewahren.

IGEL

6 PORTIONEN
400 g mageres Rindfleisch
400 g mageres Schweinefleisch
1 Zwiebel
3 Knoblauchzehen
150 g Reis
3 EL Tomatenmark
3 EL Sauerrahm
Salz und Pfeffer nach Geschmack
Kräuter

Das kleingeschnittene Fleisch mit den gehackten Zwiebeln und dem zerdrückten Knoblauch durch den Fleischwolf drehen. Das entstandene Hack sorgfältig mit halbgar gekochtem Reis vermengen, pfeffern und salzen und zu kleinen Kugeln rollen – den »Igeln«. Anbraten und das mit Wasser verdünnte Tomatenmark und den Sauerrahm in die Pfanne geben (Fleischgewürze sind ebenfalls nicht fehl am Platz). Die Sauce zum Kochen bringen, die Flamme herunter drehen und die »Igel« abgedeckt 40–50 Minuten dünsten. Mit frischen Gurken, Tomaten und Kräutern servieren.

BULETTEN »POSHARSKIJE«

8 PORTIONEN
500 g Hühnerfilet
50 g Butter
200 g Weißbrot
½ Glas Milch
½ Glas Paniermehl
1 Ei
1 Knoblauchzehe
Pfeffer und Salz nach Geschmack
Öl zum Braten
1 EL Butter

Es gibt mehrere Versionen darüber, wie dieser Hit der russischen Kochkunst entstanden ist – nach dem Namen des Rezept-Erfinders, der Bezeichnung einer Gaststätte, einem Brand in einem Hühnerstall, usw. Das Fleisch mit dem zuvor in Milch eingeweichten und ausgepressten Brot durch den Fleischwolf drehen. Zerlassene Butter und feingehackten Knoblauch dazugeben, salzen und pfeffern und noch einmal durch den Fleischwolf drehen. Nicht sehr dicke ovale Buletten formen, sie in das geschlagene Ei eintauchen, im Paniermehl und dann in kleinen Weißbrotwürfeln wenden und 15 Minuten in den Kühlschrank stellen. Die Buletten auf beiden Seiten braten, bis sie leicht goldbraun geworden sind, dann 15 Minuten in den Ofen stellen. Beim Servieren mit Gemüse garnieren.

BULETTEN AUF HAUSMANNSART

8 PORTIONEN
250 g mageres Rindfleisch
250 g mageres Schweinefleisch
1 Zwiebel
½ Glas Milch
200 g Schwarzbrot
Salz und Pfeffer nach Geschmack
1 EL feingehackte Petersilie
1 grüner Apfel
70 g Pflanzenöl

Buletten sind das beliebteste Fleischgericht überhaupt. Sie werden zwar aus Hackfleisch zubereitet, aber ursprünglich hieß so ein Rippenfleischstück (fr.: côte).

Die geriebenen Zwiebeln, den Apfel und das in Milch eingeweichte und ausgepresste Brot in das Hackfleisch geben. Die Masse leicht salzen und pfeffern, die Kräuter und einen Teelöffel Pflanzenöl hinzugeben. Das Hack gut verrühren und Buletten daraus formen. In Mehl wenden und in einer zuvor stark erhitzten Pfanne in Öl braten. Die Flamme herunter drehen, die Buletten zudecken und 10 Minuten dünsten.

HAMMEL-BULETTEN

8 PORTIONEN
500 mageres Hammelfleisch
1 Ei
60 g Hammelfett
1 große Zwiebel
2 Knoblauchzehen
Öl zum Braten
Salz und Pfeffer nach Geschmack
Für die Sauce:
40 g Granatapfel-Extrakt
20 g Tomatenmark
20 g Honig
2–3 Knoblauchzehen
20 g Walnüsse
1 EL gehackter Koriander
Salz und Pfeffer nach Geschmack

Das Hammelfleisch, die Zwiebel und den Knoblauch durch den Fleischwolf (mittlere Größe) drehen. Das in Streifen geschnittene Hammelfett, das rohe Ei, Salz und gemahlenen schwarzen Pfeffer in das Hack geben. Die entstandene Masse gut verrühren und klopfen. Längliche Buletten formen, in eine stark erhitzte Pfanne legen und von beiden Seiten braten, bis sie fertig sind. Die Buletten mit Granatapfel-Sauce servieren, die folgendermaßen zubereitet wird: Tomatenmark, Honig, gestoßenen Knoblauch und gehackte Walnüsse in den Granatapfel-Extrakt geben. Salzen und pfeffern, mit dem feingehackten Koriander vermischen und sorgfältig verrühren.

KOHLROULADEN »FAULPELZ«

5–6 PORTIONEN	
500 g Weißkohl	150 g Reis
250 g mageres Rindfleisch	250 g Sauerrahm
250 g mageres Schweinefleisch	100 g Tomatenmark
2 Möhren	Öl zum Braten
2 Zwiebeln	Salz, Pfeffer und Kräuter nach Geschmack

Der Name dieses Gerichts ist kein Hinweis auf einen faulen Koch, sondern spiegelt die Eigenart des Rezepts wider. Für die Zubereitung von Kohlrouladen »Faulpelz« braucht es weniger Zeit und Mühe, als für klassische Kohlrouladen, weil das Hack nicht in Kohlblätter gewickelt, sondern mit gehobeltem Kohl vermengt wird. Zubereitung und Zutaten sind aber die gleichen wie bei gewöhnlichen Kohlrouladen (s. unten), und sie selbst sind genauso lecker und aromatisch. Wenn alle dazu gehörigen Zutaten fertig sind, kommen sie in einen Schmortopf oder einfachen Topf, Deckel drauf und 30–35 Minuten auf mittlerer Flamme kochen.

KOHLROULADEN

6–8 PORTIONEN	
500 g Weißkohl	150 g Reis
200 g Weinblätter	250 g Sauerrahm
250 g mageres Rindfleisch	100 g Tomatenmark
250 g mageres Schweinefleisch	Öl zum Braten
2 Möhren	Salz, Pfeffer und Kräuter nach Geschmack
2 Zwiebeln	

Den Kohl in gesalzenem Wasser halbgar kochen und in Blätter teilen. Rind- und Schweinefleisch durch den Fleischwolf (mittlere Größe) drehen, halbgaren Reis, Salz und Pfeffer beigeben und alles gut vermengen. Die gewaschenen Weinblätter ankochen und abkühlen lassen. Das Hack auf die Wein- und Kohlblätter legen, einwickeln und die Kohlrouladen in Reihen in einen Schmortopf oder einfachen Topf legen. Die grob geschnittenen Möhren und Zwiebeln anrösten und auf die Rouladen geben. Ein wenig Wasser hinzugießen und 20 Minuten dünsten. 100 Gramm Sauerrahm mit dem Tomatenmark verrühren, Salz, Pfeffer und frische Kräuter hinzugeben. Mit der Sauce die Kohlrouladen übergießen und weiter dünsten, bis sie gar sind. Die Kohlrouladen mit der Sauce servieren, in der sie gedünstet wurden, frische Kräuter beigeben. Der Sauerrahm wird extra gereicht.

GEFÜLLTE PAPRIKASCHOTEN

Die gewaschenen und entkernten Paprikaschoten mit siedendem Wasser überbrühen. Den halbgar gekochten Reis, das angebratene und kleingehackte Fleisch und die Zwiebeln, das rohe Ei, Salz, Pfeffer und Kräuter gut vermengen. Mit diesem Hack die Paprikaschoten füllen und (mit der Öffnung nach oben) in einen Schmortopf legen, mit Sauerrahm-Sauce (s. S. 100) übergießen, abdecken und 20–25 Minuten dünsten. Die fertigen Paprikaschoten auf eine Platte legen, mit der Sauce übergießen, in der sie gedünstet wurden, und mit zerhackten Kräutern bestreuen.

6 PORTIONEN	
12 Paprikaschoten	**Für die Sauce:**
1 Glas Reis	2 EL Mehl
200 g mageres Fleisch	4 EL Butter
2 Zwiebeln	1 Glas Sauerrahm
1 Ei	Salz und Zitronensäure nach Geschmack
Petersilie	
Salz und Pfeffer nach Geschmack	

Die Zubereitung von Fleisch über schwelender Holzkohle hat bei vielen Völkern der Welt Tradition, so auch bei den alten Nomaden Eurasiens. Im alten Russland fand das Schaschlik als »Drehfleisch« Verbreitung, der Name selbst stammt von dem verdrehten krimtatarischen Wort »schischlyk« – »etwas auf dem Spieß«. Schaschlik ist so etwas wie das in westlichen Ländern beliebte Barbecue, wird aber auf Spießen gemacht, nicht auf dem Gitter, und ist einfacher in der Zubereitung. In Russland wird Barbecue immer beliebter, aber bei uns zieht man das frische, aromatische Schaschlik vor. Es wird nach den verwendeten Fleischsorten unterschieden: Schwein, Hammel und Lamm. Auf Kohle gebratenes Schweinefleisch wird immer saftig und knusprig, deshalb wird es bevorzugt. Dem Erfolg des Schaschliks liegen auf verschiedene Arten zubereitete Marinaden zugrunde. Zwiebeln gehören unbedingt dazu, wichtig ist auch die Wahl der richtigen Holzkohle. Besonders effektiv ist Kohle von Obstbäumen – sie verleiht dem Fleisch einen unverwechselbaren Geschmack. Weite Verbreitung hat Birkenkohle bekommen, die am meisten verkauft wird und neutral ist.

SCHASCHLIK AUF KARS-ART

1 PORTION
300 g Schweinefleisch
2 Zwiebeln
1 Tomate
Schweinefettgewebe
Für die Marinade:
80 g Pflanzenöl
20 g Kognak
½ Zitrone
Gewürze nach Geschmack

Der Name stammt wahrscheinlich von der türkischen Festung Kars, die von den Russen im Krimkrieg eingenommen worden war. Dies ist ein sehr einfaches Gericht, viel Zeit braucht nur das Martinieren des Fleisches (es muss übrigens nicht unbedingt Schweinefleisch sein).

Zuerst bereiten wir die Marinade zu: die Zwiebeln in Ringe schneiden, in ein tiefes Gefäß legen und Gewürze, Kognak, Pflanzenöl und Zitronensaft beigeben. Die Fleischstücke hinzugeben, gut mit der Marinade einreiben und 3–4 Stunden stehenlassen. Dann zusammen mit den Zwiebeln auf die Spieße stecken, in das Schweinefettgewebe wickeln und über den Kohlen 20–25 Minuten braten.

SCHASCHLIK AUS HAMMELFLEISCH

Der Durchschnittsbewohner Zentralrusslands mag kein Hammelfleisch wegen dessen spezifischen Geschmacks, aber beim Schaschlik, wo aromatische Kräuter ins Spiel kommen, sieht das ganz anders aus.

Das geschnittene Hammelfleisch mit vielen Zwiebeln und Kräutern vermengen, Pfeffer und Salz hinzugeben, mit Wein beträufeln und erneut sorgfältig vermischen. 30 Minuten lang marinieren, damit das Aroma der Gewürze einzieht. Die Hammelfleisch-Stücke im Wechsel mit Zwiebeln auf die Metallspieße stecken und über den Kohlen 10–15 Minuten braten. Beim Braten die Spieße wenden und das Fleisch mit Wein beträufeln.

Zum fertigen Schaschlik Kräuter und Gemüse reichen.

3 PORTIONEN
1 kg mageres Hammelfleisch
5 Zwiebeln
150 g trockener Wein
Salz und Pfeffer nach Geschmack
Koriander, Basilikum, Petersilie

GEFLÜGELGERICHTE

Geflügelgerichte erfreuen sich in vielen Ländern der Erde größter Beliebtheit. Das ist verständlich: Wenn irgendwo einzelne Fleischsorten – zum Beispiel Schweinefleisch bei den Muslimen – nicht gegessen werden, so wirken sich religiöse Verbote nicht auf Geflügel aus, es sei denn in der Fastenzeit. Von der Nahrhaftigkeit des Fleisches ganz zu schweigen: Seit Urzeiten aßen die slawischen Völker Hühner, Enten, Gänse und anderes Hausgeflügel. Bereits in den russischen Chroniken und in alten Kochbüchern wird von einer Fülle an Geflügel gesprochen, und es werden jede Menge unterschiedlichster Zubereitungsarten angegeben, darunter in ganzen Stücken, was überhaupt charakteristisch für die traditionelle russische Küche ist.

Früher wurden Geflügelgerichte unbedingt mit Weihnachten, Ostern und Silvester in Zusammenhang gebracht. Besonders beliebt waren an diesen Festtagen Gans und Ente mit Äpfeln, mit gesalzenen »Igeln« oder Milchlingen, Huhn mit Reis und Rosinen oder Backpflaumen und andere gefüllte Geflügelspeisen. Auch der moderne Festtisch ist nicht vorstellbar ohne Gerichte aus Geflügelfleisch. Die Rezepte ändern sich natürlich ständig. In der russischen Küche werden Hühner und Hühnchen gekocht, gebraten, gedünstet und gebacken; das Fleisch dient auch für Buletten und Knödelmassen.

HUHN MIT ÄPFELN

Huhn ist immer gut – sei es im Alltag oder für ein Festessen. Die Kombination mit Äpfeln verleiht ihm eine unverwechselbare Geschmacksnote. Das Huhn absengen, ausnehmen und waschen, innen und außen mit Salz und Pfeffer einreiben. Von allen Seiten in einer Pfanne braten und mit der Brust nach oben auf ein tiefes Blech legen. Wasser in die Pfanne gießen und aufkochen. Mit dem Saft das Huhn übergießen und 40–50 Minuten in den Ofen stellen. 20 Minuten vor Schluss die Äpfel neben das Huhn auf das Blech legen. Mit Kräutern und Salatblättern reichen.

5 PORTIONEN
1 Huhn mit 1,2 kg Gewicht
Salz und Pfeffer nach Geschmack
Öl zum Braten
3–4 Äpfel

4 PORTIONEN
1 Huhn mit 1,5 kg Gewicht
5–6 Steinpilze
2 EL Pflanzenöl
1 Petersilienwurzel
½ Glas Sauerrahm
Salz und Pfeffer nach Geschmack
Öl zum Braten
1 Möhre
½ Glas Tomatensauce
Kräuter

HUHN MIT PILZEN

Dieses Gericht ist ein Klassiker der Kochkunst. Es ist lecker, nahrhaft und schnell zubereitet. Die in diesem Rezept angegebenen Steinpilze können je nach Saison durch Pfifferlinge, Champignons oder andere ersetzt werden.

Die mit der Petersilienwurzel halbgar gekochten weichen Teile des Huhns, die in Streifen geschnittenen Pilze sowie die gehobelte Möhre in eine Pfanne geben und anbraten. Dies alles mit Sauerrahm mit darin aufgelöster Tomatensauce übergießen und im Ofen überbacken. Mit gekochten Kartoffeln und Kräutern servieren.

HUHN MIT PREISELBEER- UND APFELFÜLLUNG

5 PORTIONEN
1 Huhn mit 1,2–1,5 kg Gewicht
3 saure Äpfel
100 g Preiselbeeren
Salz nach Geschmack
100 ml Wasser

Das Huhn absengen, durch eine kleine, in den Magen geschnittene Öffnung ausnehmen. Innen spülen, trocknen und mit Salz bestreuen. Die Äpfel entkernen und in Scheiben schneiden. Die Preiselbeeren auslesen und waschen. Das Huhn von oben nach unten mit der Mischung aus Äpfeln und Preiselbeeren füllen, die Öffnung schließen. Das Huhn auf ein tiefes Blech oder in einen Schmortopf legen und in den heißen Ofen stellen. Das Geflügel braten, dabei wenden, mit Fett einstreichen und mit Wasser übergießen, damit es von allen Seiten braun wird. Dann die Flamme kleinerstellen, das Huhn abdecken, damit das Fleisch nicht austrocknet, und etwa 1½ Stunden braten. Das Gericht kann sowohl heiß als auch kalt gereicht werden.

4 PORTIONEN
½ Huhn mit 1,5 kg Gewicht
1 Weißbrot
4 EL zerlassene Butter
½ Glas Sahne
10–15 Kartoffeln
Salz und Pfeffer nach Geschmack

HÜHNER-BULETTEN

Das Huhn absengen, ausnehmen, waschen und das Fleisch von den Knochen trennen. Im Fleischwolf zerkleinern, das in Sahne eingeweichte Weißbrot hinzugeben und erneut durch den Fleischwolf drehen. Salz, Pfeffer und Butter in das Hack geben, gut aufschlagen und zu Buletten formen. Diese in Paniermehl wenden und von beiden Seiten in Butter braten. Die Buletten vor dem Servieren mit zerlassener Butter begießen und mit Kartoffelpüree, Salzgemüse und Kräutern garnieren.

GEFÜLLTE HÄHNCHENKEULEN

4 PORTIONEN
1 kg Hähnchenkeulen
200 g Champignons
6–8 Knoblauchzehen
Salz, Pfeffer und Kräuter nach Geschmack
Öl zum Braten

Die Hähnchenkeulen waschen und trocknen. Mit einem scharfen Messer die Haut vom Fleisch trennen und den Knochen am Ende jeder Keule abschneiden. Das Hühnerfleisch von den Knochen trennen, durch den Fleischwolf drehen und mit den kleingehackten angerösteten Zwiebeln und den ganz feingehackten Pilzen vermengen, Salz, Pfeffer, zerdrückten Knoblauch und Kräuter hinzufügen. Das Hack unter die Haut füllen, aber nicht bis oben hin, damit sie beim Erhitzen nicht platzt. Nach dem Füllen die Tasche verschließen. Die Keulen von beiden Seiten braten, bis sie goldbraun sind. Heiß servieren.

TABAKA-HÜHNCHEN

2 PORTIONEN
1 Hühnchen
Jeweils 1 TL Adschika, getrockneten Koriander und Chmeli Suneli
Salz und Pfeffer nach Geschmack
Öl zum Braten

Obwohl dieses Gericht nicht russischen Ursprungs ist (Tapaka heißt die Pfanne, in der es in Georgien zubereitet wird), ist es in Russland wegen seines herrlichen Geschmacks und Aromas sehr beliebt.

Das vorbereitete rohe Hühnchen entlang dem Wirbel spreizen, mit einer Mischung aus den angegebenen Gewürzen und zerdrücktem Knoblauch einreiben, in eine vorgeheizte Pfanne geben und ungefähr 15 Minuten von jeder Seite goldbraun braten (möglichst unter einem schweren Deckel, der das Hühnchen zusammenpresst), von Zeit zu Zeit nachsehen, wie weit es ist. Wenn ein solcher Deckel nicht vorhanden ist, geht auch ein einfacher, der aber beschwert werden muss.

Das Hühnchen mit beliebigen Kräutern und frischem Gemüse reichen.

KIEWER BULETTEN

2 PORTIONEN
1 Huhn mit 1,2–1,5 kg Gewicht
80 g Butter
Öl zum Braten
20 g Mehl
Salz nach Geschmack
150 g trockenes Weißbrot

Das Huhn vorbereiten (s. vorhergehende Hühnerfleischgerichte), beide Filetstücke abnehmen, Sehnen und Häute entfernen, in Haushaltsfolie gewickelt zwei Millimeter dünn klopfen. Ein Stückchen Butter auf das große Filet legen, darüber das kleine Filet, so dass die Ränder des größeren so bedeckt sind, dass die Butter nicht zu sehen ist. Die Buletten salzen, mit Mehl bestreuen, in die geschlagenen Eier tauchen, in der zerkleinerten Krume des harten Weißbrots wenden, andrücken, erneut in die Eier tauchen und erneut im trockenen zerkleinerten Brot wenden. Zu Rouladen formen, braten und für 2–3 Minuten in den Ofen stellen. Vor dem Servieren mit zerlassener Butter übergießen, mit in Streifen geschnittenen Bratkartoffeln und Gemüse garnieren. it Kräutern bestreuen.

MINISTER-SCHNITZEL

4 PORTIONEN
400 g Hühnerfilet
1 Weißbrot
2 Eier
30 g Mehl
Gewürze und Salz nach Geschmack
Öl zum Braten

Das Fleisch in Portionsstücke teilen, in Haushaltsfolie gewickelt klopfen, mit Gewürzen bestreuen und salzen. Die Fleischstücke zuerst in die schaumig geschlagenen Eier tauchen, dann in das in feine Streifen geschnittene Brot. In eine vorgewärmte Pfanne legen und auf mittlerer Flamme von beiden Seiten braten, bis sich eine goldbraune Kruste bildet.

HÜHNERKLEIN MIT NUDELN

Herzen und Mägen putzen, waschen, in Salzwasser kochen und mit den feingehackten und leicht angerösteten Zwiebeln in die Pfanne geben. Alles vermengen und 2–3 Minuten braten, danach die gekochten Nudeln (s. unten) in die Pfanne geben, alles vermengen und dann gut durchwärmen. Die zuvor gesalzene, in Mehl panierte und gebratene Leber auf das fertige Gericht legen.

Hier ein Rezept zur Zubereitung der Nudeln: Mehl auf ein großes Holzbrett streuen. Eier, Wasser und Salz vermengen und in eine Vertiefung im Mehl gießen. Einen festen Teig kneten, 30 Minuten stehenlassen, dünn ausrollen und für 5–6 Minuten bei 50 Grad in den Ofen stellen, damit er vortrocknet. Den leicht getrockneten Teig in lange Bänder schneiden, jedes davon in 4 Zentimeter breite Streifen schneiden. Die Nudeln bei Zimmertemperatur trocknen. Drei Minuten in gesalzenem siedendem Wasser kochen, in ein Sieb schütten und spülen.

4–5 PORTIONEN
300 g Hühnerklein
2 EL Mehl
2 Zwiebeln
Öl zum Braten
Salz und Pfeffer nach Geschmack
Für hausgemachte Nudeln:
1 kg Mehl
6 Eier
100 ml Wasser
1 EL Salz

PUTENFILET MIT KÜRBIS*

Das Putenfilet in mittelgroße Würfel schneiden, salzen, pfeffern und anbraten. Ein wenig Wasser hinzugeben und 15–20 Minuten dünsten. Den in gleich große Würfel geschnittenen Kürbis und die in Streifen geschnittenen Zwiebeln und Möhren anbraten. Die entkernten und in Streifen geschnittenen Dattelpflaumen in einen Topf geben, das fertige Gemüse und die Pute hinzugeben, salzen und pfeffern. Dünsten, bis der Kürbis durchsichtig wird.
Das fertige Gericht mit feingehackten Kräutern garnieren.

4 PORTIONEN
500 g Putenfilet
500 g Kürbis
100 g Möhren
100 g Zwiebeln
50 g Dattelpflaumen
40 ml Pflanzenöl
Petersilie und Dill
Salz und Pfeffer

HÜHNERBULETTEN MIT LEBER UND MOOSBEEREN

4–5 PORTIONEN
500 g Hühnerfilet
100 g Hühnerleber
2 Zwiebeln
2 EL Butter
2 Eier
50 g Weißbrot
4 EL Sahne
1 EL Mayonnaise
2 EL Moosbeeren
Öl zum Braten
Salz, Pfeffer und Kräuter nach Geschmack

Das Hühnerfilet, die Zwiebeln und das zuvor in der Sahne eingeweichte Weißbrot durch den Fleischwolf mit mittelgroßer Messerscheibe drehen. 2 Eier in das Hack schlagen, Mayonnaise und zerlassene Butter dazugeben. Alles salzen, pfeffern und gut vermengen. Dann die zu kleinen Stücken geschnittene Hühnerleber und die Moosbeeren hinzugeben, erneut sorgfältig verrühren und Buletten formen. In einer vorgewärmten Pfanne von beiden Seiten braten, bis sie gar sind. Vor dem Servieren mit frischen Kräutern und eingelegtem Obst garnieren.

ENTE MIT ÄPFELN UND PREISELBEEREN GEFÜLLT

Gerichte aus Entenfleisch sind der beste Schmuck für den Weihnachts- und Silvestertisch. Die süßsaure Note der Äpfel und Preiselbeeren verleihen dem Fleisch einen ganz besonderen Geschmack. Die vorbereitete Ente innen und außen mit Salz und Pfeffer einreiben. Dann mit der Mischung aus kleingeschnittenen Äpfeln, Preiselbeeren und in Sahne eingeweichtem Weißbrot füllen und mit Zahnstochern verschließen. Die in Scheiben geschnittenen Äpfel auf eine Aluminiumfolie legen, darauf die gefüllte Ente, die Brust nach oben. Die Folie schließen und die Ente 3–4 Stunden bei 180 Grad im Ofen braten. Vor dem Servieren mit den Backäpfeln und den eingelegten Preiselbeeren garnieren.

4–5 PORTIONEN
1 Ente mit 2 kg Gewicht
4 Äpfel
200 g Preiselbeeren
50 g Weißbrot
50 g Sahne
Salz und Pfeffer nach Geschmack

ENTE MIT SAUERKRAUT

Die ausgenommene Ente überbrühen, Knochen und Hals entfernen und in vier Teile hacken. Die Fleischstücke salzen, pfeffern und 30 Minuten bei 180 Grad im Ofen braten, bis sie goldbraun sind. Die Äpfel entkernen, mit Preiselbeeren füllen und 15–20 Minuten auf dem Blech mit der Ente backen. Das mit kleingehackten und angerösteten Zwiebeln vermischte Sauerkraut in den Schmortopf legen, ein wenig Wasser, den Zucker und die Gewürze hinzugeben und 20–30 Minuten in dem ausgetretenen Fett braten. Die gebratene Ente auf den Kohl legen und weitere 20–30 Minuten dünsten. Die fertige Ente auf eine Platte legen und mit dem Kohl, den gebackenen Äpfeln, den Preiselbeeren und Kräutern servieren.

4 PORTIONEN
1 Ente mit 1,5–2 kg Gewicht
600 g Sauerkraut
4 Zwiebeln
1 EL Zucker
Äpfel und Preiselbeeren zum Garnieren
Salz, Pfeffer, Kräuter und Lorbeerblätter nach Geschmack

GANS MIT ÄPFELN

4–5 PORTIONEN
1 Gans mit 2,5–3 kg Gewicht
5–6 Äpfel
Salz und Pfeffer nach Geschmack

Gerichte aus Gänsen werden gewöhnlich nur an Festtagen gereicht. Sie stehen im Mittelpunkt von Weihnachts- und Silvesteressen, deshalb verlangt ihre Zubereitung besondere Anstrengungen, was aber hundertfach vergolten wird. Die ausgenommene Gans überbrühen und mit Salz und Pfeffer einreiben. Die entkernten Äpfel in große Stücke schneiden und in die Gans legen. Die gefüllte Gans in Folie schlagen und für 2,5 Stunden bei 150 Grad in den Ofen stellen. Damit das Fleisch saftig wird, die Gans zuerst auf die Brust legen und nach einer Stunde auf den Rücken drehen. 20 Minuten vor dem Garwerden die Folie entfernen und die Äpfel neben die Gans auf das Blech legen. Die Temperatur auf 200 Grad erhöhen, die Gans mit dem ausgeschmolzenen Fett bestreichen und kross werden lassen. Ein weiteres Rezept für dieses Gericht wird auf S. 213 angeführt.

ÜBERBACKENE GANS MIT KRAUT GEFÜLLT

4 PORTIONEN
1 Gans mit 2,5–3 kg Gewicht
500 g Sauerkraut
5–6 Äpfel
1–2 Zwiebeln
Pflanzenöl
2–3 Lorbeerblätter
Salz und Pfeffer nach Geschmack

Die ausgenommene Gans überbrühen und mit Salz und Pfeffer einreiben. Das Sauerkraut mit den angebratenen Zwiebeln und den kleingeschnittenen Äpfeln vermengen, ein Lorbeerblatt dazugeben und 15–20 Minuten anbraten. Die mit dieser Masse gefüllte Gans verschließen und für 2 Stunden in den Ofen stellen. Damit das Fleisch saftig wird, die Gans zuerst auf die Brust legen und nach einer Stunde auf den Rücken drehen. Die Gans muss dabei mehrmals gewendet, mit dem austretenden Fett bestrichen und – damit sie nicht anbrennt – mit Wasser beträufelt werden.

WILDGERICHTE

Der russische Mensch braucht bis heute jene Atmosphäre von Festlichkeit, die das Jagdgewerbe in den modernen Alltag einbringt. Das mag daran liegen, dass in seinen Adern das Blut der Skythen und Sarmaten fließt, die einst als Nomaden durch die endlosen Räume Eurasiens zogen und sich ihre Nahrung durch die Jagd nach wilden Tieren und Vögeln sicherten. Die riesigen Flächen der russischen Wälder hatten immer die Möglichkeit geboten, Wild in unbegrenzter Menge zu erlegen. Die Fülle an Wild und das Recht für alle sozialen Schichten, es zu jagen, stieß stets auf die Verwunderung vieler ausländischer Reisender. Gerichte aus Wildfleisch sind gewöhnlich weniger fettig und aromatischer als aus dem Fleisch von Hausvieh und Geflügel, besonders wenn sie nach rein russischen Rezepten zubereitet werden. Vom Großwild wurde vor allem das Filetstück genommen; oft wurde es zuerst auf dem Spieß angebraten und dann auf dem Blech gargebraten. Als Gewürze für Bären-, Hirsch- und Rentierfleisch dienten spezifisch russische Spezereien: schwarze Wacholderbeeren und junge Kiefernzapfen, die zuvor speziell bearbeitet wurden.

Aus den Tiefen der Jahrhunderte stammt die Tradition der Zubereitung von Wildgeflügel. Beim Festschmaus der Bojaren bogen sich die Tische unter den Tabletts mit gebratenen Schwänen, Kranichen und Reihern. Die Gäste taten sich gütlich an Tauben, Lerchen und Schnepfen. Das Federvolk der russischen Wälder, Felder und Wiesen ist auch heute Objekt der Jagd. Kleine, mittlere und große Wildvögel (Fasan, Auerhahn und Birkhuhn) werden mit eingeweichtem und gesalzenem Obst, Waldbeeren, sauren Äpfeln und gedünsteten Kartoffeln serviert. Wie es heute üblich ist, wird das Wild mit Rotwein übergossen; früher wurde dazu kräftiger Preiselbeer- oder Moosbeer-Kwas gereicht.

MIT PREISELBEEREN UND ÄPFELN GEFÜLLTES REBHUHN*

DAS GERICHT WIRD PORTIONSWEISE ZUBEREITET
1 Rebhuhn mit ca. 300 g Gewicht
50 g Preiselbeeren
1 Apfel
50 g Butter
Salz und Pfeffer nach Geschmack

Das gerupfte Rebhuhn ausnehmen, Überbrühen und waschen. Innen und außen mit Salz und gemahlenem Pfeffer einreiben, mit Butter bestreichen. Den frischen Apfel in kleine Stücke schneiden, mit den Preiselbeeren vermengen und mit der Mischung das Rebhuhn füllen. 25–30 Minuten bei 180–200 Grad im Ofen schmoren. Das fertige Rebhuhn mit frischen Kräutern garnieren und mit eingelegten Früchten reichen.

WACHTELN

Die Wachteln werden genauso zubereitet, wie das Rebhuhn im vorherigen Rezept. Zur Verbesserung des Geschmacks vorher mit frischem Speck spicken. Dann leicht salzen, in einen mit Butter erwärmten flachen Topf oder eine Pfanne legen und von beiden Seiten goldbraun braten. Den Topf in den Ofen stellen oder die Wachteln weiter abgedeckt 10–15 Minuten auf kleiner Flamme braten, von Zeit zu Zeit mit dem Bratfett begießen. Aus dem Topf nehmen, auf eine Platte legen und mit dem durchgeseihten Bratensaft übergießen.

5 PORTIONEN
5 Wachteln
80 g Speck
Salz nach Geschmack
Öl zum Braten
1 EL Butter

5 PORTIONEN
1 Wildente mit etwa 1 kg Gewicht
Salz nach Geschmack
30 g Sauerrahm
Öl zum Braten
50 g Butter
Für die Beilage:
600 g Sauerkraut
1 Zwiebel
50 g Bratbutter
150 g Sauerrahm
Pfeffer nach Geschmack

WILDENTE MIT SAUERKRAUT

Die gerupfte Ente ausnehmen, überbrühen, waschen und leicht ankochen. Dann salzen, mit Sauerrahm bestreichen, in einer Pfanne goldbraun braten und zum gar werden in den Ofen stellen. Die Ente mit dem Bratensaft und der Bratbutter begießen und mit der wie folgt zubereiteten Beilage garnieren: Sauerkraut auspressen, zerkleinern und halbgar dünsten. Kleingehackte und geröstete Zwiebeln beigeben, mit Sauerrahm ansetzen und dünsten, bis sie weich sind.

ELCHFLEISCH-BULETTEN

Das Elchfleisch zweimal durch den Fleischwolf drehen und mit den geriebenen rohen Kartoffeln, den Eiern und der Milch mischen. Das Hack salzen, pfeffern, sorgfältig vermengen und Buletten daraus formen. In Paniermehl wenden, in einer vorgewärmten Pfanne von allen Seiten gut durchbraten und dann ein paar Minuten in den Ofen stellen. Vor dem Servieren mit Kartoffelpüree, frischen und eingelegtem Gemüse und Kräutern garnieren.

4–5 PORTIONEN
500 g mageres Elchfleisch
3 Kartoffeln
2 Eier
80 ml Sahne oder Milch
Salz und Pfeffer nach Geschmack
Öl zum Braten

HIRSCH-BULETTEN

4–5 PORTIONEN
500 mageres Fleisch
2 Zwiebeln
100 g Weißbrot
50 g Sahne oder Milch
2 Eier
Öl zum Braten
Salz und Pfeffer nach Geschmack

Das Fleisch mit den Zwiebeln und dem in Sahne eingeweichten Brot durch den Fleischwolf (mittlere Messerscheibe) drehen. Die Eier in das Hack schlagen, Salz und Pfeffer hinzufügen und alles gut vermengen. Ovale Buletten formen und sie von beiden Seiten in der Pfanne braten. Abgedeckt auf kleiner Flamme gar werden lassen und für 15–20 Minuten in den Ofen stellen.

HIRSCHBRATEN*

Das in Streifen geschnittene Hirschfleisch in eine Marinade aus Kräutern, Pfefferkörnern, Nelken, Zucker, Lorbeerblättern, Essig, Salz, Pfeffer und Wasser legen. Das Fleisch 3–5 Stunden marinieren, trocknen, in Stücke schneiden und leicht anräuchern. Die grobgeschnittenen Kartoffeln auf dem Boden des Schmortopfes verteilen, darauf das Fleisch und die angebratenen Möhren mit Zwiebeln legen. Ein wenig Wasser beigeben und 40 Minuten schmoren. In den letzten 15–20 Minuten Rotwein hinzugießen. Zum Räuchern von Hirsch- und Elchfleisch Nuss- oder Obstbaumspäne nehmen. Dies verleiht dem Fleisch die besondere Farbe und das pikante Aroma.

4–5 PORTIONEN
1 kg mageres Hirschfleisch
1 l Wasser
400 g Kartoffeln
3–4 Zwiebeln
3–4 Möhren
150 ml Rotwein
Für die Marinade:
100 g frische Kräuter
10 schwarze Pfefferkörner
10 Nelken
4 EL Zucker
10 Lorbeerblätter
1 EL Essig
Salz und Pfeffer nach Geschmack

WILDSCHWEIN-BULETTEN*

Das Wildschweinfleisch, die Zwiebel und das zuvor in Sahne eingeweichte Brot durch den Fleischwolf drehen. Das Ei, den in Würfel geschnittenen Speck. Salz und Pfeffer in das Hack geben und alles gut vermengen. Die Buletten formen, wobei die Hände zwischendurch in kaltes Wasser getaucht werden sollten, damit das Gehackte nicht an ihnen festklebt. In einer heißen Pfanne von beiden Seiten goldbraun braten, die Flamme herunter drehen, die Pfanne abdecken und weitere 2–3 Minuten braten. Passend ist eine Sauce aus Waldbeeren. Dazu Zucker, Nelken und Wacholderbeeren in Wasser geben und 5 Minuten sieden, dann weitere 2–3 Minuten, nachdem die Moosbeeren und die Preiselbeeren dazu gekommen sind. Den Sirup abkühlen, die Beeren durch ein Sieb reiben, die Schale entfernen und zurückgeben. Die in ein wenig Wasser verdünnte Stärke und den Honig hinzugeben und unter Rühren zum Sieden bringen.

4 –5 PORTIONEN
500 g mageres Wildschweinfleisch
1 Zwiebel
100 g Weizenbrot
50 g Sahne oder Milch
1 Ei
60 g Wildschwein- oder Schweinespeck
Salz und Pfeffer nach Geschmack
Öl zum Braten
Für die Sauce:
200 g Preiselbeeren
200 g Moosbeeren
100 ml Wasser
60 g Zucker
50 g Sahne oder Milch
5–7 Nelken
2 TL Stärke
3 EL Honig
5–7 Wacholderbeeren

HASE IN SAUERRAHM

Das Fleisch 24 Stunden (Fleisch vom Jungtier 10–12 Stunden) in die Marinade legen, die folgendermaßen zubereitet wird: Zucker, Salz und Pfeffer in siedendes Wasser streuen, das Lorbeerblatt und den Wacholder hinzugeben, Essig dazu gießen. Den Hasen aus der Marinade nehmen, trocknen, mit Schweinespeck spicken, mit Salz einreiben und von allen Seiten anbraten. Angeröstete Zwiebeln und Sauerrahm beigeben und fertig schmoren, dabei mit dem beim Braten entstehenden Saft begießen. Das fertige Fleisch schneiden und mit einer Beilage aus gedünsteten Kartoffeln und Möhren sowie frischem Gemüse und Kräutern servieren.

4 PORTIONEN	
1 Hase mit 1 kg Gewicht	**Für die Marinade:**
100 g Schweinespeck	1 l Wasser
1 Zwiebel	Zucker, Salz und Pfeffer nach Geschmack
1 Glas Sauerrahm	1 Lorbeerblatt
Öl zum Braten	3 Wacholderkerne
	1 EL Essig

5 PORTIONEN
850 g mageres Rehfleisch
Salz und Pfeffer nach Geschmack
3 EL 3-prozentigen Essig
25 g Wacholderbeeren
0,5 g Koriander
70 g Speck
1 Zwiebel
1 Möhre
150 g Petersilien- und Selleriewurzeln

REHBRATEN

Das Fleisch salzen und pfeffern und 3 Tage kaltstellen, unter Zugabe von Essig, Wacholderbeeren und Koriander marinieren. Das in Portionsstücke geschnittene Fleisch in eine tiefe Pfanne legen. Speck, Zwiebel und Möhre (feingehobelt und angeröstet) und die zu kleinen Würfeln gehackten Petersilien- und Selleriewurzeln beigeben, alles mit Wasser übergießen und dünsten, bis es fertig ist. Am Ende nach Belieben salzen; vor dem Servieren mit der Gemüsesauce übergießen, in der das Fleisch zubereitet wurde. Gekochte Kartoffeln als Beilage.

STROGANINA

Ein exotisches Gericht, das besonders bei den Ureinwohnern des Hohen Nordens verbreitet ist. Das Rezept ist einfach. Ein Stück rohes Fleisch nehmen (zum Beispiel Hirschfleisch), das zuvor steinhart gefroren wurde, und »hobeln« (russ.: strogatj): mit einem scharfen Messer dünne, sich kringelnde Schichten abschneiden. Salz und Pfeffer in die Stroganina geben und sofort essen, und das mit den Händen, bevor sie die Streifenform verliert. Diese Vorspeise wird gewöhnlich in scharfe Sauce getunkt, die in Sibirien »makal« (Tunke) heißt. Dafür in beliebigen Proportionen Essig, Senf, Salz und Pfeffer sowie kleingehackte Zwiebeln und Knoblauch vermengen. Die Sauce zur Stroganina wird in kleinen Schälchen gereicht.

4 PORTIONEN
400 g rohes gefrorenes Fleisch
Salz und Pfeffer nach Geschmack

BULETTEN AUS BÄRENFLEISCH*

Das Fleisch zusammen mit den Zwiebeln und dem in Sahne eingeweichten Brot durch einen Fleischwolf mit mittlerer Messerscheibe drehen. Die Eier in das Hack schlagen, Salz und Pfeffer beigeben und alles gut vermengen. Ovale Buletten formen und sie von beiden Seiten in der Pfanne braten. Auf kleiner Flamme zugedeckt oder 15–20 Minuten im Ofen gar werden lassen.

4 –5 PORTIONEN
500 g mageres Bärenfleisch
2 Zwiebeln
100 g Weißbrot
50 g Sahne oder Milch
2 Eier
Öl zum Braten
Salz und Pfeffer nach Geschmack

WILDSCHWEIN AM SPIESS*

Den Eber waschen, gut putzen, alle Innereien entfernen und in ein vorbereitetes Gefäß legen. Alle zur Zubereitung der Marinade nötigen Zutaten in 80 Grad heißes Wasser geben, abkühlen lassen, Essig beigeben, das Fleisch mit dieser Flüssigkeit übergießen und 3 Tage stehenlassen. Wenn es durchmariniert ist, auf den Spieß aufziehen und 4–6 Stunden braten, dabei von Zeit von Zeit wenden. Das fertige Fleisch in Scheiben schneiden und mit einer Sauce aus Sauerrahm mit Meerrettich servieren.

1 Wildschwein mit 45–50 kg Gewicht
Für die Marinade:
7 kg Salz
700 g getrockneter Dill
200 g duftender Pfeffer
200 g Lorbeerblätter
50 g gehackter Pfeffer
200 g Majoran
200 g Basilikum
100 l Wasser
3 l Essig
Für die Sauce:
1 kg Sauerrahm
1 kg Meerrettich

FISCHGERICHTE

Die größten Siedlungen der alten Rus lagen aus Gründen der Sicherheit und der Verkehrsverbindungen an den Biegungen von Flüssen. Deshalb zählt der Fischfang zu den ältesten Gewerben überhaupt. Der Tribut an den Fürsten wurde mit Fisch beglichen, mit Fisch wurde gehandelt, und Fisch war die Hauptspeise im Alltag und an Festtagen. Später kam eine weitere Motivation für den weitverbreiteten Fischkonsum auf: Im Unterschied zu Fleisch- und Milchspeisen war Fisch auch an einzelnen Fastentagen erlaubt.

In der Wolga, der Oka, dem Dnjepr, dem Wolchow, den nördlichen Flüssen und im Weißen Meer gab es stets eine phantastisch große Menge Fisch. Die Fortbewegung der Russen nach Osten, in das Wolga-Delta und zu den sibirischen Flüssen machte eine solche Vielfalt an Fischsorten zugänglich, wie es sich der modernen Vorstellung entzieht. Der Preis für Fischprodukte war derart niedrig, dass die sibirischen Bauern in Jahren schlechter Ernte getrockneten Störkaviar in den Brotteig gaben.

Bis zum Ende des 19. Jahrhunderts waren Störfische die Hauptfischart in der russischen Küche. Gekochter, gebackener oder gesalzener Stör, Sewruga, Beluga und Sterlett waren die wichtigsten Fischgerichte. Die Russen liebten auch frischgesalzenen Weißlachs, leicht gesalzenen Lachs, Weißmeer-Hering, in Sauerrahm gebackene Karauschen und Flussbarsche, zwei- und dreifache Ucha aus Fluss- oder Kaulbarsch, Aalrauten, usw. Weil der Ofen in der russischen Küche im Mittelpunkt stand, erfreuten sich verschiedene Varianten des Backens und Dünstens von Fisch größter Beliebtheit. Aber Fisch wurde auch gedämpft, gekocht, gebraten, gefüllt (mit Brei, Zwiebeln oder Pilzen); Fisch gibt es in Aspik, gesalzen, gedörrt, getrocknet, eingelegt und gefroren. Auch in unserer Zeit erfreuen sich aus verschiedenen Fischarten zubereitete Gerichte nach wie vor ungebrochener Beliebtheit.

GEBACKENER GANZER KARPFEN

Den Karpfen enthäuten, ausnehmen, die Flossen entfernen und für 3 Minuten in gesalzene Milch tauchen. In Mehl wenden, in eine eingefettete Pfanne legen, mit Öl beträufeln und für 10–15 Minuten in den vorgewärmten Ofen stellen.
Den Karpfen mit Bratkartoffeln, Gemüse und Kräutern servieren.

2–3 POTIONEN
1 Karpfen mit 500 g Gewicht
¼ Glas Milch
2 EL Mehl
2 EL Olivenöl

GEFÜLLTER KARPFEN

Den Karpfen wie im vorherigen Rezept vorbereiten. Das Fleisch von den Gräten trennen, ohne die Haut zu beschädigen. Zusammen mit dem Filet des anderen Fischs, den (zur Hälfte roh, zur Hälfte angebratenen) Zwiebeln, dem in Sahne aufgeweichtem Weißbrot und Knoblauch durch den Fleischwolf (mittlere Messerscheibe) drehen. Das Gehackte unter Beigabe von Butter, Eiern, Salz und Pfeffer sorgfältig verrühren und in die Karpfenhaut füllen.
Die in Scheiben geschnittene rohe Möhre und Rote Bete, die Fischreste und die Zwiebelschalen (für die Farbe) auf den Grund des Schmortopfs legen, darauf wiederum den Karpfen. Ein wenig Salzwasser hinzugießen, zum Sprudeln bringen, die Flamme kleiner stellen und den Karpfen 40 Minuten dünsten. Auf eine Platte legen, abkühlen lassen und in Portionen schneiden. Mit Meerrettich-Sauce reichen und mit Zitronenscheiben und Petersilie garnieren.

4–5 PORTIONEN
1 Karpfen mit 1,5–2 kg Gewicht
200 g Filet (Zander oder anderer Flussfisch)
4–5 kleine Zwiebeln
150 g Weißbrot
100 ml Sahne oder Milch
4–5 Knoblauchzehen
150 g Butter
4 Eier
Salz und Pfeffer nach Geschmack

RÄUCHERKARPFEN

2 PORTIONEN
1 Karpfen mit 500 g Gewicht
70 g Salz
1 l Wasser
1 Zitrone

Den Karpfen ausnehmen und die Flossen entfernen, aber nicht entschuppen. Eine Sieben-Prozent-Lösung Salzwasser ansetzen und den Karpfen 4–5 Stunden darin salzen. Den fertig gesalzenen Karpfen 20 Minuten in Erlenholzspänen räuchern. Vor dem Servieren mit Salatblättern, Petersilie und Zitronenscheiben garnieren. Auf diese Art und Weise können auch andere Fischsorten zubereitet werden.

GEFÜLLTER HECHT*

Den Hecht ausnehmen, die Schuppen und Flossen entfernen. Am Kopf einen Schnitt setzen und die Haut als Ganzes abziehen, dabei um die Flossen einschneiden, damit die Haut nicht reißt. Mit einem Esslöffel das Fleisch von den Gräten und die Reste davon von der Haut trennen. Das Hechtfleisch zusammen mit den gebratenen Zwiebeln und dem in Sahne eingeweichten Brot durch den Fleischwolf (mittlere Messerschneide) drehen. Das Gehackte sorgfältig mit den Eiern, Salz und Pfeffer vermengen. Diese Masse in die Hechtha ut stopfen, aber nicht zu fest. Dem Fisch Form eine geben und diese fixieren, indem der Fisch in Mullgewebe gewickelt wird. Die in Scheiben geschnittene rohe Möhre und Rote Bete, die Fischgräten und die Zwiebelschalen auf den Grund des Schmortopfs legen, darauf den Hecht. Ein wenig Salzwasser hinzugießen, zum Brodeln bringen, die Flamme kleinerstellen und den Hecht abgedeckt 1,5–2 Stunden dünsten. Auf eine Platte legen, abkühlen lassen und in Portionen schneiden. Vor dem Servieren mit Salatblättern, Garnelen, Zitronenscheiben, Petersilie und Oliven garnieren.

5–6 PORTIONEN
1 Hecht mit 1,5–2 kg Gewicht
2–3 Zwiebeln
150 g Weißbrot
2 Eier
100 g Butter
2 Zitronen

HECHT-FRIKADELLEN

Unter den Fischfrikadellen sind die aus Hechtfleisch die besten, obwohl man das trockene, knochige und nach Schlick riechende Fleisch zuvor sorgfältigst bearbeiten muss, und das in strenger Übereinstimmung mit dem Rezept.

Das Fischfilet ohne Gräten im Fleischwolf zerkleinern und mit dem in gesalzener und gepfefferter Milch eingeweichten Brot, dem kleingeschnittenen Speck und dem Dill vermengen und nochmals durch den Fleischwolf drehen. Die weiche Butter und das rohe Ei in das gehackte geben und untermengen. Frikadellen formen, in Paniermehl wenden und in einer mit Olivenöl vorgewärmten Pfanne braten.

Mit Gemüse und Kräutern reichen.

4 PORTIONEN
500 g Hechtfilet
50 g Schweinespeck
100 g Weißbrot
½ Glas Milch
3 EL Paniermehl
2 EL Butter
2 EL Olivenöl
1 Ei
Dill
Salz und Pfeffer nach Geschmack

ZANDER IN WEISSWEIN

Das zu Portionen geschnittene Zanderfilet in einen flachen Topf legen, salzen und pfeffern. Den Wein und ein ¾ Glas Wasser in den Topf gießen und auf die Flamme stellen. Nach 15–25 Minuten den fertigen Fisch auf eine Platte geben, die Brühe weiter eindicken lassen. Wenn davon noch etwas weniger als ein Glas voll übrig ist, das Mehl mit der weichen Butter hinzugeben und unter Rühren weitere 3–4 Minuten erwärmen. Die Sauce vom Herd nehmen, das restliche Fleisch hineinlegen, umrühren und durchseihen. Vor dem Servieren jedes Fischstück mit der Sauce übergießen und mit Kräutern garnieren.

4 PORTIONEN
500 g Zanderfilet
½ Glas Tafelweißwein
1 EL Mehl
1 Ei
2 EL Butter
Salz und Pfeffer nach Geschmack

GEBACKENE, GANZE KARAUSCHE

Die im Ofen gebackene Karausche behält mehr Vitamine, als die gebratene. Dazu ist kein Öl nötig, das beim Anbrennen so schädlich ist. Zur Zubereitung dieses gesunden Gerichtes muss der Fisch zunächst entschuppt und ausgenommen werden. Dann salzen (nach Belieben mit einem speziellen Fischgewürz einreiben) und mit Kräutern füllen. Die Karausche auf ein mit Papier ausgelegtes Blech legen, ein wenig mit Pflanzenöl begießen und für 30 Minuten in den Ofen stellen. Mit gekochten Kartoffeln, Kräutern, Tomaten und anderem frischen Gemüse servieren.

4 PORTIONEN
1 Karausche mit 1,5 kg Gewicht
Kräuter
Salz und Pfeffer nach Geschmack
1 EL Pflanzenöl

DAS GERICHT WIRD PORTIONSWEISE ZUBEREITET
500 g Flussforelle
2 Krebse
1 Zitrone
Frisches Gemüse und Kräuter
1 EL Pflanzenöl

GEBACKENE GANZE FORELLE

Die Forelle enthäuten und ausnehmen, mit Salz und Pfeffer einreiben, mit Kräutern füllen, mit Zitronensaft begießen und 2 Stunden ziehen lassen. Den Fisch auf ein gefettetes Stück Papier legen, den Schwanz in Folie wickeln, damit er nicht anbrennt. Bei 250 Grad 25 Minuten im Ofen backen dabei mit dem sich bildenden Saft übergießen.
Die Forelle mit gekochten Krebsen, frischem Gemüse und Kräutern reichen.

DAS GERICHT WIRD PORTIONSWEISE ZUBEREITET
3 Eier
1 Forelle mit 400–500 g Gewicht
2 EL Mehl
200 g frische Pfifferlinge
Öl zum Braten
1 Zwiebel
Salz und Pfeffer nach Geschmack
Kräuter
Zitrone

GEBRATENE FORELLE MIT PFIFFERLINGEN*

Die Forelle ist nicht nur ein schmackhafter, sondern auch ein überaus gesunder Fisch. Ihr Fleisch enthält jede Menge mehrfach ungesättigter Fettsäuren.

Die Forelle entschuppen und die Flossen sowie die Wirbel- und Rippengräten entfernen. Kopf und Schwanz bleiben. Die Forelle waschen, innen und außen salzen und pfeffern, im Mehl panieren und fertigbraten (dazu kann mit Butter vermischtes Öl genommen werden). Derweil die Pfifferlinge und Zwiebeln schneiden und schmoren. Den fertigen Fisch, die Pilze und die Zwiebeln auf einen Teller geben und vor dem Servieren mit Kräutern und Zitrone garnieren.

BELUGA UNTER POLNISCHER SAUCE*

Das Belugafilet waschen, zu 4–5 Portionen schneiden, in einen Topf legen und zur Hälfte mit Wasser und Gurkenlake übergießen. Lorbeerblätter und Pfefferkörner hinzugeben und den Fisch 10–15 Minuten garkochen. Zur Zubereitung der polnischen Sauce Butter zerlassen, die kleingeschnittenen gekochten Eier, Kräuter, Salz und Zitronensaft beigeben und die Sauce zum Kochen bringen. Den fertigen Fisch auf eine ovale Platte legen, mit der Sauce übergießen und mit Kräutern und Zitrone garnieren.

4–5 PORTIONEN
500 g Belugafilet
5 Eier
200 g Butter
1 Zitrone
Gurkenlake
1–2 Lorbeerblätter
Salz und Pfeffer nach Geschmack
5 schwarze Pfefferkörner

FISCH AUF KLOSTERART

In den Klöstern, wo verschiedene Fastenzeiten streng eingehalten werden, ist die Küche von einer Vielzahl an Fischgerichten dieser Art geprägt. Wie bei allen Klostermahlzeiten, gehören auch hier zugleich einfache und schmackhafte Lebensmittel dazu, zum Beispiel Kartoffeln. Halbgar kochen, den Fisch spülen, trocknen und in Portionsstücke schneiden. Den Fisch, die Kartoffeln, die Pilze sowie die in Ringe geschnittenen und leicht angerösteten Zwiebeln in ein feuerfestes Gefäß geben. Mit Sauerrahm übergießen, dem Salz , Pfeffer und gehackte Kräuter beigegeben wurden, mit geriebenem Käse bestreuen und für 30 Minuten in den Ofen stellen.

4 PORTIONEN
500 g Lachs- oder Forellenfilet
5–6 gekochte Kartoffeln
1 Zwiebel
200 g Champignons
400 g Sauerrahm
70 g Hartkäse
1 EL Pflanzenöl
Salz und Pfeffer nach Geschmack
Dill und Petersilie

GEBRATENER LACHS

Lachs ist reich an Kalium und Kalzium und enthält Nutzstoffe, die vor Herzinfarkt, Arthritis, Zucker und Lebererkrankungen schützen. Lachsfleisch ist sehr zart, deshalb genügt es, es im Ofen zu backen, aber besonders lecker ist es, wenn es gebraten wird.

Den Lachs vor dem Braten mit einer Mischung aus Koriander, Salz und Pfeffer bestreuen, mit Zitronensaft beträufeln und 40 Minuten ziehen lassen. Den Fisch in Mehl wenden und dann in einer gut vorgewärmten gusseisernen Pfanne braten 3–4 Minuten auf jeder Seite braten, bis sich eine goldbraune Kruste gebildet hat, aber nicht längerr, weil er sonst zu trocken wird. Mit Gemüse, Kräutern und nach Belieben mit einer speziell zubereiteten Sauce servieren.

4 PORTIONEN
1 kg Lachsfilet
100 g Mehl
½ Zitrone
1 TL Koriander
50 g Pflanzenöl
Salz und Pfeffer nach Geschmack

3 PORTIONEN
1 Sterlet mit ca. 1 kg Gewicht
Salz und Pfeffer nach Geschmack
Für die Sauce:
2 EL gemahlene Mandeln
50 g Fischbrühe
3 EL Madeira
1 EL Mehl
4 EL zerlassene Butter
Zitronensaft

GEDÄMPFTER GANZER STERLET

Das Fleisch des Sterlet ist, wie das aller anderen Fische der Störfamilie, sehr wertvoll. Am bekanntesten sind Sülze und Ucha aus Sterlet. Wir empfehlen ein anderes Rezept aus diesem Fisch.
Den Sterlet überbrühen, indem er 2–3 Sekunden in siedendes Wasser getaucht wird. Schleim, Knoten, Flossen und Sehnen entfernen, salzen und pfeffern. Den Sterlet 20–25 Minuten in einem Fischtopf auf Dampf zubereiten. Den fertigen Fisch auf eine ovale Platte legen und mit gekochten Krebsen, Zitrone, Gemüse und Kräutern servieren. Die heiße Sauce getrennt reichen. Für ihre Zubereitung zerlassene Butter in die Fischbrühe geben und beim Sieden Pfeffer, Zitronensaft und Madeira hinzufügen.

4 PORTIONEN
1 kg Kabeljaufilet
1 Zwiebel
¼ Glas Milch
½ Glas Paniermehl
100 g Weißbrot
1 Ei
Petersilie und Dill
Salz und Pfeffer nach Geschmack
1 EL Butter

FISCHFRIKADELLEN

Für dieses Gericht passt am besten ein großer, wenig fettiger Fisch, aus dessen Filet sich bequem Fischfrikadellen zubereiten lassen. Deshalb entscheiden wir uns für Kabeljau, der zunächst mit den zuvor gerösteten Zwiebeln, den gehackten Kräutern und dem in Milch aufgeweichtem Brot durch den Fleischwolf gedreht wird. Dem Gehackten Salz, Pfeffer und die Hälfte eines geschlagenen Eis hinzugeben und alles sorgfältig vermengen. Die entstandene Masse in kleine Buletten teilen, in das restliche Ei tunken, im Paniermehl wenden und in einer Pfanne mit [illegible] Öl braten.
Mit Gemüse und Salat servieren.

GEDÄMPFTER STERLET MIT RÜBEN ODER KÜRBIS*

4 PORTIONEN	
1 Sterlet von 1,5 kg Gewicht	15 g Oliven
100 g Kürbis	3 g Kräuter
100 g Blumenkohl	**Für die Sauce:**
50 g eingelegte Kornelkirschen	100 ml Sahne (10 Prozent)
40 g eingelegte Brombeeren	10 g Mehl
½ Zitrone	10 g Butter
15 g. Krebsschenkel	20 ml Weißwein
20 g Salatblätter	Geriebene Mandeln

Den Fisch spülen, Innereien und Flossen entfernen, die Visiga aus der Wirbelsäule ziehen. Den Sterlet salzen und eine Zitronenscheibe darauf ausdrücken. Für 20–25 Minuten in den Ofen geben und bei 100 Grad dämpfen (eine Schale mit Wasser unter den Stör stellen). Die Blumenkohlröschen in einen kleinen Topf geben, ihn zur Hälfte mit Wasser füllen, ein wenig salzen und 15–20 Minuten unter dicht verschlossenem Deckel kochen. Den Kürbis schälen und die Samen entfernen, andünsten. Das Mehl in zerlassener Butter bis zum »Geruch von Keksen« anbraten und ein wenig Sahne untermischen. Ausgedämpften Weißwein, ein wenig Zitronensaft, Salz und Mandeln in die Sauce geben. Den fertigen Sterlet auf die Salatblätter legen und mit den Krebsschenkeln, Zitronenstücken und Kräutern garnieren. Kürbis, Blumenkohl, Oliven und eingelegte Beeren um den Fisch anordnen. Die Sauce getrennt reichen.

STÖR AUF RUSSISCHE ART

2 PORTIONEN
500 g Störfilet
3 Eier
¼ Glas Milch
2 EL Mehl
3 EL Olivenöl
1 gekochte Möhre
1 Zwiebel
2 mittlere Salzgurken
1 EL Tomatenmark
Dill und Petersilie
Salz und Pfeffer nach Geschmack

Stör ist eine beliebte Füllung für Piroggen, er gehört in Fasten-Schtschi und wird gekocht oder gebraten gereicht. Dieser zarte, leckere und gesunde Fisch bereichert jede Mahlzeit. Daraus kann eine Vielzahl an erlesenen Gerichten zubereitet werden. Wir schlagen das Folgende vor:

Das Fischfilet in gesalzene und gepfefferte Milch tauchen, in Mehl wenden und anbraten. Ein Glas Wasser in ein Gefäß gießen, das Tomatenmark darin auflösen, die geschnittenen Möhren, Gurken und Zwiebeln hinzugeben und alles zum Kochen bringen. Mit der daraus entstandenen Sauce den Fisch übergießen, um ihn das gekochte Gemüse und die Kartoffeln sowie Dill und Petersilie anordnen.

PILZGERICHTE

Die Küchen vieler Länder kennen Gerichte aus Pilzen. Man denke nur an die französischen Juliennes, von den sagenhaft teuren Trüffeln ganz zu schweigen! Und doch ist gerade unser Land berühmt für die Vielfalt an Zubereitungsarten von Pilzen und die endlose Fülle an Pilz-Leckereien. Nicht umsonst wurden Pilze in der alten Rus als »Wald-Rindfleisch« bezeichnet: Sie enthalten viel Eiweiß, Fette, Kohlenhydrate, Minerale, Vitamine, Fermente und andere gesunde Elemente.

Im alten Russland waren Pilze angesichts von fast 200 Fastentagen im Jahr der einzige erlaubte Leckerbissen – das Hauptprodukt und ein sehr nahrhaftes Essen, egal ob in den Gemächern der Fürsten oder auf dem Bauernhof. In früheren Zeiten beschränkte sich das Mittagessen auf Gerichte aus Pilzen. Sie wurden heiß mit Zwiebeln gereicht oder kalt unter Meerrettich; zusammen mit Kohl, im Teig, in Form von Knödeln, usw. Milchlinge, Hirschlinge, Blätterpilze, Steinpilze, Morcheln, Butterpilze, Täublinge und Champignons wurden gesalzen und gekocht, getrocknet und gebraten, gedünstet und gedämpft.

Auch moderne Köche haben ihren Beitrag zur Entwicklung des kulinarischen Pilz-Erbes Russlands geleistet. Heute werden gesalzene Pilze meist als Vorspeise und als Ergänzung zu Schtschi, Okroschka und Soljanka gegessen. Sie dienen auch als Beilage zu Fisch- und Fleischgerichten, auch in gebratener Form. Letztgenannte sind gut zum Füllen von Piroggen oder als eigenständiges Gericht. Gedünstete Pilze sind ebenfalls wunderbar als Einzelgericht, aber sie sind unersetzbar bei Fleisch, Fisch und Gemüse. Getrocknete Pilze bereichern mit ihrem Aroma Suppen.

GESALZENE PILZE

5 kg frische Blätterpilz-Mischung
1 Knoblauchzwiebel
1 Glas grobes Salz
4 Lorbeerblätter
10 schwarze Johannesbeerblätter
15 schwarze Pfefferkörner
2 EL Dillsamen

Die geputzten und in kaltem Wasser gewaschenen Pfifferlinge, Milchlinge, Hirschlinge, Birkenreizker und andere 3 Tage in Wasser eingeweicht an einem kalten Ort stehenlassen (dabei jeden Tag das Wasser wechseln). Das Wasser abgießen und die Pilze in ein Sieb geben. Die Johannesbeerblätter, Dillsamen und Knoblauchzehen in ein ausgewaschenes und mit siedendem Wasser abgebrühtes Gefäß (Eimer, großes Weckglas, Emaille-Topf) geben, obenauf die Pilze in Reihen anordnen, wobei jeder einzeln mit Salz bestreut wird. Lorbeerblätter und Pfefferkörner beigeben. Mit einem Stofftuch abdecken, einen glatten Pflasterstein darauflegen (aber keinen Ziegel und kein Gusseisen!). Das Gefäß für 1–1,5 Monate an einen kalten Ort stellen (nicht unter null Grad).

KAVIAR AUS BASTPILZEN*

Die frischen Pilze in siedendes Wasser geben und 20 Minuten kochen. In ein Sieb schütten, abkühlen lassen und durch einen Fleischwolf mit kleiner Messerscheibe drehen. Pflanzenöl in einen Topf mit dickem Boden gießen, die gemahlenen Pilze hinzugeben, Tomatenmark beifügen und für 35 Minuten auf die Flamme stellen. 5 Minuten, bevor sie fertig gedünstet sind, Salz, Adschika und zerkleinerten Knoblauch beigeben. Vor dem Servieren mit Zwiebeln und Kräutern garnieren. Frische Pilze können durch eingelegte ersetzt werden.

2,5 kg frische Bastpilze
100 g Pflanzenöl
100 g Tomatenmark
Salz nach Geschmack
1–2 TL scharfe Adschika
[illegible] Knoblauchzehen
1 Zwiebel
Kräuter nach Geschmack

EINGELEGTE PILZE

1 kg frische Röhrenpilze
12 schwarze Pfefferkörner
5 Nelkenpfefferkörner
3 TL Salz
2 Lorbeerblätter
3–4 EL 30-prozentige Essigsäure
Zucker nach Geschmack
1 Zwiebel
1½ Gläser Wasser

Jede Pilzsorte getrennt einlegen (Steinpilze, Rotkappen, Birkenpilze, Röhrlinge und andere).
Die Pilze putzen, mit kaltem Wasser spülen und in ein Sieb schütten. Große Pilze in Stücke schneiden. Die Pilze auf den Boden eines mit Wasser benetzten Topfes legen und mit Salz bestreuen, sodass sich Saft bildet. 5–10 Minuten kochen, dann den Nelkenpfeffer und die Zwiebeln und mehrere Minuten weiterkochen. Die Pilze zusammen mit den Gewürzen (Lorbeerblatt, schwarzer Pfeffer) in die aus Wasser, Zucker und Essigsäure gekochte Marinade gegen, aufkochen, in Einmachgläser füllen und diese sofort verschließen.

PILZE IN SAUERRAHM

4 PORTIONEN
500 g frische Pilze
½ Glas Sauerrahm
25 g Käse
1 TL Mehl
2 EL Pflanzenöl
1 EL Butter

Die Pilze putzen, spülen und mit heißem Wasser überbrühen. In ein Sieb geben, das Wasser abtropfen lassen. Die Pilze in Streifen schneiden, salzen und in Pflanzenöl schmoren. Die Pilze kurz vor dem Garwerden mit dem Mehl vermengen, Sauerrahm hinzufügen, aufkochen, mit geriebenem Käse bestreuen und überbacken. Vor dem Servieren mit Petersilie bestreuen.
Es können auch konservierte Pilze verwendet werden. Diese müssen, nachdem die Lake abgegossen wurde, gewaschen, geschnitten und angeschmort werden. Alles andere unterscheidet sich nicht von der Zubereitung frischer Pilze.

GEBRATENE PFIFFERLINGE

4 PORTIONEN
500 g frische Pfifferlinge
3–4 EL Mehl
2–3 EL Pflanzenöl

Pfifferlinge sind kleine, wohlriechende Pilze, eigelb- oder satt orangefarben. Sie sind die einzigen Pilze, die nicht madig werden, deshalb genießen sie die volle Aufmerksamkeit von Liebhabern von Pilzgerichten. Pfifferlinge sind auch gesalzen hervorragend, aber am liebsten werden sie gebraten und mit Sauerrahm serviert.

Die Pfifferlinge verlesen und waschen, 10 Minuten durchkochen. Erneut spülen, mit dem Handtuch trocknen und grob schneiden. Die Pfifferlinge salzen und in einer mit vorgewärmtem Pflanzenöl gefetteten Pfanne von beiden Seiten braten. Die Pfifferlinge mit Mehl bestreuen und noch einmal durchbraten. Heiß mit Sauerrahm und Kräutern servieren.

4 PORTIONEN
500 g frische Pilze
3 Kartoffeln
2 Zwiebeln
2 Möhren
Öl zum Braten
1½ Gläser Gemüse- oder Fleischbrühe
3 EL Tomatenmark
Salz, Pfeffer und Petersilie nach Geschmack

PILZE MIT GEMÜSE IM TONTOPF

Von alters her sind in Russland in Tontöpfen zubereitete Gerichte sehr beliebt. Dafür braucht es nur ganz wenig Öl (oder gar keins) und keine hohe Temperatur (fast wie beim Dämpfen), und dadurch bleiben die Vitamine besser erhalten.

Die geschnittenen und leicht angebratenen Kartoffeln. Zwiebeln und Möhren in einen Tontopf mit Brühe geben, in der zuvor Tomatenmark aufgelöst wurde. Den Topf in den Ofen stellen, wenn die Brühe kocht, die Flamme herunter drehen und das Gemüse abdecken. Nach 10 Minuten die geputzten, geschnittenen und angeschmorten Pilze (Steinpilze, Rotkappen, Birkenpilze, Täublinge) hinzugeben und das Gericht weitere 25–30 Minuten dünsten.

Mit feingehackter Petersilie bestreuen und servieren.

BRATKARTOFFELN MIT WALDPILZEN

Die Pilze putzen, gut spülen, mit Wasser übergießen und auf den Herd stellen. Wenn das Wasser kocht, die Flamme herunter drehen und die Pilze 15 Minute kochen, in ein Sieb schütten und das Wasser abtropfen lassen. Derweil ein wenig Öl in der Pfanne erhitzen und darin die feingehackten Zwiebeln anrösten. Wenn sie leicht braun werden, die Pilze hinzugeben, ein wenig Öl beigeben und leicht anbraten. Die grob geschnittenen Kartoffeln in die Pfanne geben und alles zusammen unter zeitweiligem Rühren auf mittlerer Flamme braten. 5 Minuten vor dem Garwerden salzen und pfeffern.

4 PORTIONEN
400 g frische Pilze
2 Zwiebeln
6–8 Kartoffeln
Öl zum Braten
Salz und Pfeffer nach Geschmack

PILZ-SOLJANKA*

4–5 PORTIONEN
250 g frische Pilze
2–3 Zwiebeln
2–3 Salzgurken
800 ml Wasser
4 EL Tomatenmark
10 Oliven
1 TL Kapern
Öl zum Braten
1 Lorbeerblatt
Salz, Pfeffer und Kräuter nach Geschmack

Die Pilze (Filzröhrlinge, Blätterpilze, Steinpilze, Rotkappen, Champignons oder eine Mischung aus diesen Pilzen) putzen, waschen, in Würfel schneiden und 20 Minuten in Salzwasser kochen. Die Zwiebeln kleinhacken und anrösten; die geschälten und geschnittenen Salzgurken und das Tomatenmark in dieselbe Pfanne geben und 5–7 Minuten dünsten. Der Brühe mit den Pilzen beigeben und 10 Minuten kochen. Zum Schluss Kapern und Oliven in die Soljanka geben, salzen und pfeffern. Mit Sauerrahm und Kräutern servieren. Statt frischen Pilzen können zuvor eingeweichte Trockenpilze verwendet werden.

PILZSUPPE MIT NUDELN*

Die frischen Steinpilze in einen Topf mit Wasser geben und unter Abschäumen 25 Minuten auf kleiner Flamme kochen. Die fertige Brühe durchseihen. Die zuvor abgekühlten Pilze in Streifen hobeln, zusammen mit den feingehackten Zwiebeln anbraten und in die Brühe zurückgeben. Die hausgemachten Nudeln (s. S. 118, *Hühnerklein mit Nudeln*) hinzufügen und die Suppe zum Sieden bringen. Mit Sauerrahm und Kräutern reichen.

4–5 PORTIONEN
400 g frische Steinpilze
800 ml Wasser
4 Zwiebeln
200 g hausgemachte Nudeln
Öl zum Braten
Salz, Pfeffer, Kräuter und Sauerrahm nach Geschmack

4–5 PORTIONEN
100 g getrocknete Steinpilze
800 ml Wasser
2–3 Kartoffeln
2–3 Zwiebeln
2–3 Möhren
2 EL Graupen
Öl zum Braten
1 EL Butter
Salz, Pfeffer und Kräuter nach Geschmack

KRÄFTIGE SUPPE MIT STEINPILZEN*

Dieses Gericht ist eine gute Ergänzung in der Fastenzeit. Richtig kräftig und nahrhaft wird es durch die Beigabe von weichgekochten Graupen. Die zuvor eingeweichten Pilze waschen, in Streifen hobeln und 20–30 Minuten kochen. Die in Würfeln geschnittenen Kartoffeln in die siedende Brühe geben, nach 5 Minuten die separat zubereiteten und gespülten Graupen hinzugeben, danach die feingehackten und goldbraun gerösteten Zwiebeln und Möhren und weitere 15–20 Minuten kochen. Nach Geschmack salzen und pfeffern. Die fertige Suppe sollte etwas trübe sein, aber voller Aroma. Mit Kräutern reichen.

SUPPE AUS GETROCKNETEN STEINPILZEN

Die getrockneten Steinpilze sorgfältig säubern, in kaltem Wasser einweichen und 3–4 Stunden stehenlassen. Die Pilze zu Streifen hobeln und 20–30 Minuten kochen. Die zu Würfeln geschnittenen Kartoffeln hinzugeben, 10 Minuten nach dem Aufkochen die feingehackten und in Butter goldbraun gerösteten Möhren, Zwiebeln und Petersilienwurzeln beifügen und weitere 5 Minuten kochen. Salzen und Pfeffern nach Geschmack. Mit Kräutern und Sauerrahm servieren.

4 PORTIONEN
100 g getrocknete Steinpilze
800 ml Wasser
2 Kartoffeln
2 Zwiebeln
1 Möhre
1 Petersilienwurzel
3 EL Butter
Salz und Pfeffer nach Geschmack
1 EL Butter

GEMÜSEGERICHTE

Gemüse enthält viel leichtverdauliche Kohlenhydrate, organische Säuren, Vitamine sowie Aroma- und Mineral-Elemente.

Von alters her wurden in Russland Gemüsekulturen angebaut, und auch heute gibt es davon etwa 70 Arten. Die beliebtesten Gemüsesorten waren, beginnend mit dem 11. Jahrhundert, Runkelrüben, Steckrüben, Rettich und Kohl. Sie wurden roh gegessen, gesalzen, gedämpft, gekocht oder gebacken. In den Anfangszeiten wurde jede Gemüsesorte unabhängig von anderen zubereitet und gegessen: offensichtlich neigten unsere Vorfahren auf einer gewissen genetischen Ebene zur heute aktuellen Nahrungstrennung. Später begann man, Kohl, Erbsen und Rüben als Füllung für Piroggen zu nehmen; aus Rettich wurden einfache Vorspeisen (geriebener Rettich mit Öl, Rettich mit Kwas oder Honig) und schwierigere Dinge zubereitet (Pelmeni mit Rettich). Die Entwicklung von Gemüsegerichten wurde dadurch gefördert, dass in Russland die Fastenzeiten streng eingehalten wurden. Man musste die schöpferische Phantasie aktivieren, um das in diesen Zeiten erlaubte Gemüsesortiment zu nutzen. Obwohl die Gemüseauswahl durch ausländische Kulturen ergänzt und durch die Verarbeitung von europäischen kulinarischen Verfahren beeinflusst wurde, spielten auch die eigenen Ideen der russischen Köche eine große Rolle. Auch heute werden in Russland viele neue Gemüsegerichte kreiert.

VINAIGRETTE-SALAT

8 PORTIONEN
2 Rote Beten
3–4 Möhren
4–5 Kartoffeln
5–6 Salzgurken
100 g Dosenerbsen
100 g Sauerkraut
4–5 EL Pflanzenöl
50 g Schnittlauch

Vinaigrette gehört zu den traditionellen russischen Salaten. Es gibt viele verschiedene Rezepte für seine Zubereitung, aber bei all ihrer Vielfalt bilden Rote Bete, Möhren und Kartoffeln seit eh und je die Grundlage. Wir empfehlen Ihnen die klassische Art der Zubereitung dieses in Russland so beliebten Gemüsegerichts.

Die ungeschälten Roten Beten, Möhren und Kartoffeln kochen, schälen und in Würfel schneiden. Vermengen und die ebenfalls zu Würfeln geschnittenen Salzgurken, grüne Erbsen und das entsaftete Sauerkraut hinzufügen. Den Vinaigrette-Salat mit Pflanzenöl ansetzen und mit feingehacktem Schnittlauch garnieren. Oft wird dieses Gericht ohne Sauerkraut zubereitet; stattdessen wird es mit Hering gereicht.

BOHNEN

4–5 PORTIONEN
500 g Bohnen
2 mittelgroße Zwiebeln
2 EL Tomatenmark
2 EL kleingehackte Walnüsse
2 Knoblauchzehen
Öl zum Braten
Salz, Kräuter und Korianderkraut nach Geschmack

Die bunten Bohnen 2–3 Stunden in kaltem Wasser einweichen, dann garkochen. Die geschnittenen Zwiebeln mit dem Tomatenmark in Pflanzenöl anrösten, mit den Bohnen vermengen und in einen Tontopf geben. Knoblauch, Korianderkraut, Salz und Pfeffer beigeben und 20 Minuten dünsten.

In demselben Tontopf servieren, vorher mit gehackten Zwiebeln und zerkleinerten Walnüssen garnieren.

5 PORTIONEN
800 g Kartoffeln
250 g Butter
2 Gläser warme Milch

KARTOFFELPÜREE MIT GRIEBEN UND ZWIEBELN

Die geschälten Kartoffeln mit siedendem Wasser übergießen und 15–20 Minuten abgedeckt auf kleiner Flamme garkochen. Das Wasser abgießen und die Kartoffeln im Topf auf kleiner Flamme abdämpfen lassen. Die Kartoffeln stampfen, Milch und Butter hinzugeben. Gut verrühren, dabei leicht mit einem Löffel aufschlagen. Statt Milch kann auch Sauerrahm oder Kefir in das Püree gegeben werden.

Das Püree kann mit Grieben und gerösteten Zwiebeln gereicht werden. Es eignet sich gut als Einzelspeise oder auch als Beilage zu Fleisch- und Fischgerichten.

KARTOFFEL-BULETTEN IN PILZSAUCE

Die Kartoffeln schälen und garkochen. Das Wasser abgießen und die Kartoffeln im Topf auf kleiner Flamme ein wenig abdämpfen. Die heißen Kartoffeln zu Brei stampfen. Eier, Mehl und einen Esslöffel Butter in die leicht abgekühlte Masse geben, auskneten und zu Buletten formen. In Mehl wenden und in Pflanzenöl goldbraun braten. Die getrockneten Pilze mit siedendem Wasser überbrühen, sorgfältig spülen und 2 Stunden in kaltem Wasser einweichen. Die Pilze etwa eine Stunde auf kleiner Flamme kochen, in der Zwischenzeit die Zwiebeln reiben und in Butter rösten. Die gekochten Pilze kleinschneiden und den Zwiebeln beifügen. In einer anderen Pfanne Mehl mit Butter anschmoren und den Pilzsud in dünnem Guss beigeben. 5 Minuten zusammen mit dem Sauerrahm köcheln, nach Geschmack salzen und pfeffern. Die fertigen Buletten mit der heißen Sauce übergießen.

4–5 PORTIONEN
Für die Buletten:
800 g Kartoffeln
80 g Butter
2 Eier
2 EL Mehl
2 EL Pflanzenöl
Für die Sauce:
50 g getrocknete Pilze
1 Zwiebel
150 g Sauerrahm
2 EL Butter

KARTOFFEL-BULETTEN MIT MORCHELN

4–5 PORTIONEN
Für die Buletten:
5 große Kartoffeln
2 Eier
2 EL Mehl
Salz nach Geschmack
Für die Sauce:
300 g frische und 100 g getrocknete Morcheln
4 EL Butter
2 mittelgroße Zwiebeln
2 EL Mehl
100 g Pilzsud
4 EL Sauerrahm
Öl zum Braten

Die geschälten Kartoffeln garkochen und stampfen, solange sie heiß sind. Abkühlen lassen, Eier, Mehl und Salz hinzugeben und vermengen. Kartoffel-Buletten formen, panieren und von beiden Seiten braten. Die Morcheln für die Sauce 20–30 Minuten kochen, den Pilzsud abgießen, die Pilze abkühlen lassen und durch einen Fleischwolf mit mittlerer Messerschneide drehen. In einem Topf die Butter zerlassen, die kleingehackten Zwiebeln beigeben und 2–3 Minuten schmoren. Pilze und Mehl hinzugeben und [illegible] vermengen. Alles zusammen in Pflanzenöl braten. Den Pilzsud eingießen, Sauerrahm beigeben und 5–7 Minuten aufkochen. Die Buletten mit Kräutern garnieren und mit der Pilzsauce reichen.

4–5 PORTIONEN
10 mittelgroße Kartoffeln
60 g Mehl
30 g Stärke
1 Ei
300 g getrocknete oder 500 g frische Pilze
1 Zwiebel
2 EL Butter
1 TL Salz

KARTOFFELKLÖSSE MIT PILZEN

Die Kartoffeln schälen, waschen, in große Würfel schneiden und garkochen. Etwas abkühlen lassen, zu Brei stampfen, Mehl und Stärke einstreuen. Diese Masse mit Butter vermengen und salzen. Die zuvor mit siedendem Wasser überbrühten Pilze sorgfältig spülen und 20–30 Minuten kochen. Feinschneiden und zusammen mit der geschnittenen Zwiebel anbraten. Aus der Kartoffelmasse flache Fladen formen. Jeweils in die Mitte einen Teelöffel Pilze legen und zu Kugeln rollen. In der übriggebliebenen Pilzlösung garkochen. Heiß mit Sauerrahm, Butter und Kräutern reichen.

BACKKARTOFFELN MIT ZEDERNNÜSSEN

Die Kartoffeln schälen, gut spülen und in Hälften schneiden. Jede Hälfte unten anschneiden (für die Stabilität) und eine kleine Vertiefung machen. Öl nach Geschmack in die Vertiefung geben: Senf-, Raps-, Mais-, Zedern-, Oliven- oder Pflanzenöl. Die Kartoffeln etwa 20 Minuten im Ofen backen, bis sie goldbraun werden. In jede Vertiefung Zedernnüsse füllen: das verleiht dem Gericht seinen originellen Geschmack. Die Kartoffeln mit den übriggebliebenen Nüssen und Kräutern garnieren. Dazu kann in einer Sauciere jede der angegebenen Ölsorten oder auch eine Mischung daraus serviert werden.

4–5 PORTIONEN
10 mittelgroße Kartoffeln
8 EL Pflanzenöl
8 EL Zedernnusskerne
Knoblauch nach Geschmack
Salz nach Geschmack
Petersilie und Dill nach Geschmack

HIRSE-BULETTEN MIT MÖHREN UND RÜBEN

5–6 PORTIONEN
1½ Gläser Hirsegraupen
3 Gläser Wasser
500 g Möhren
200 g Rüben
½ Glas Milch
1 EL Butter
2 Eier
100 g Paniermehl
100 g Butter zum Braten
Salz

1½ Glaser Hirsegraupen spülen und 3 Gläser Wasser hinzugeben. Kochen, bis der Brei dick wird. Die Möhren und Rüben schälen, waschen, in dünne Streifen schneiden und in wenig Wasser unter Zusatz von Butter und Milch kochen. Das Gemüse auf kleiner Flamme garkochen. Die fertigen Rüben und Möhren in ein Sieb schütten und abtropfen lassen. Das Gemüse kleinschneiden, 2 Eier hineinschlagen und den Hirsebrei hinzugeben. Gut vermengen, salzen und die Masse zu Buletten formen. Panieren und in Butter braten. Die Buletten vor dem Servieren mit zerlassener Butter, Sauerrahm oder Milchsauce übergießen.

GEDÄMPFTE RÜBEN MIT HONIG

In alten Zeit wurden nach dem Brotbacken, wenn der heiße Dampf noch im Ofen war, Töpfe mit Rüben gestellt. Deshalb heißt dieses Rezept denn auch »Gedämpfte Rüben« – nach einer russischen Redewendung gibt es nichts Leichteres als ihre Zubereitung.
Mittelgroße Rüben ohne sichtbare Mängel nehmen, waschen, in 3–5 Millimeter dicke Ringe schneiden und in einen Tontopf geben. Abdecken und bei 160–180 Grad im Ofen 1–1½ dünsten. Mit Honig oder Sauerrahm reichen.

5 PORTIONEN
4 mittelgroße Rüben
Honig
Sauerrahm

5–6 PORTIONEN
700 g Kürbis
100 g Butter
100 g Mehl
Walnüsse
Haselnüsse

GEBRATENER KÜRBIS

Ein einfaches, schnell zubereitetes und schmackhaftes Gericht.
Den Kürbis schälen und in etwa 3–5 Millimeter dicke Scheiben schneiden. In Mehl panieren und in einer stark erhitzten Pfanne in Butter braten. Den fertigen Kürbis auf Teller geben und mit zerstoßenen Hasel- oder Walnüssen reichen.

MIT KÜRBIS GEFÜLLTER KOHLKOPF

4–5 PORTIONEN
3 kleine, nicht sehr feste Kohlköpfe
200 g Kürbis
2 große Tomaten
1 große Paprikaschote
4 EL Butter
2 EL zerhackte Kräuter
Salz und Pfeffer nach Geschmack

Einen kleinen Kohlkopf in Salzwasser halbgar kochen, ohne den Strunk zu entfernen. Abkühlen lassen und die Kohlblätter öffnen. Den Kürbis und die Paprikaschote, bereits gekocht, schneiden, ein wenig salzen, mit zerlassener Butter beträufeln und gleichmäßig zwischen die Kohlblätter legen. Die Blätter schließen, den Kohlkopf von oben mit zerlassener Butter beträufeln und ungefähr 30 Minuten bei 150 Grad im Ofen goldbraun braten.

GEMÜSE-KOHLROULADEN

4–5 PORTIONEN
600 ml Wasser
1 große Tomate
2 Paprikaschoten
2 Zwiebeln
2 Möhren
½ Zucchini
8 Weißkohlblätter
5 EL Tomatenmark
Salz und Pfeffer nach Geschmack
1 EL Butter

Möhren und Zucchini waschen, schälen und grob reiben. Die Tomate mit siedendem Wasser überbrühen, die Haut entfernen und in Würfel schneiden. Die Paprika schneiden, die Samen entnehmen und feinhobeln. Die Zwiebel schälen und schneiden. Das ganze Gemüse, angefangen mit den Zucchini, nach und nach, etwa alle 2 Minuten, in die aufgewärmte Pfanne geben. Etwa weitere 6 Minuten dünsten, salzen und pfeffern. Ein paar große Kohlblätter nehmen, dabei die groben Blattrippen vorsichtig abschneiden. Die Kohlblätter einzeln für mehrere Minuten in siedendes Wasser geben. Die Füllung darin einwickeln, die Rouladen in ein tiefes Gefäß legen. Mit dem in der Kohlbrühe verrührten Tomatenmark übergießen und 30–40 auf kleiner Flamme dünsten.

PANIERTER KOHL

4 PORTIONEN
1 mittelgroßer Kohlkopf
2 Eier
100 g Mehl
200 g Butter
1 Beutel Paniermehl
200 g Sauerrahm
Salz nach Geschmack

Einen Kohlkopf nehmen, den Strunk herausschneiden, in Salzwasser kochen, die gar gewordenen Kohlblätter herausnehmen. Jedes Blatt abkühlen lassen, leicht klopfen, in der Hälfte knicken und ein Stück Butter hineinlegen. In Mehl und Eiern wenden, panieren und in einer Pfanne von beiden Seiten goldbraun braten. In einen tiefen Schmortopf legen, mit Sauerrahm übergießen und etwa 20 Minuten auf kleiner Flamme dünsten. Die gefüllten Blätter müssen nicht unbedingt geschmort werden, sondern können auch gebraten mit Sauerrahm und zerlassener Butter gereicht werden.

AUBERGINEN MIT KNOBLAUCH

Die Aubergine waschen, in dünne Längsschichten schneiden, mit Salz bestreuen und warten, bis sie Saft gibt, mit dem die für dieses Gemüse charakteristische Bitterkeit herauskommt. Jede Schicht antrocknen, in Mehl wenden und schnell in einer stark erhitzten Pfanne in Pflanzenöl anbraten. 5 Knoblauchzehen schälen, pressen und jedes Blatt der angebratenen Aubergine damit einreiben. Die Auberginenstücke zusammen mit den in Scheiben geschnittenen Tomaten und Gurken auf Teller legen. Mit Kräutern garnieren und mit einer Käse-Sauerrahm-Sauce servieren.

4 PORTIONEN
1 große Aubergine
50 g Mehl
5 Knoblauchzehen
2 Tomaten
1 Gurke
Salz nach Geschmack
Dill, Petersilie, Korianderkraut

AUBERGINEN-IMPROVISATION

4 PORTIONEN
4 Auberginen
4 Paprikaschoten
4 Tomaten
4 Zwiebeln
4 Knoblauchzehen
200 g Champignons
Öl zum Braten
Zerhackte Walnüsse
Korianderkraut, Salz und Pfeffer nach Geschmack

Für dieses Gericht empfehlen wir dunkle Auberginen, gelbe und rote Paprika und reife Tomaten – dann wird Ihre Improvisation nicht nur lecker, sondern auch schön anzusehen.
Die Auberginen in 1½ Zentimeter große Würfel schneiden, gut salzen und 10–15 Minuten stehenlassen, damit die darin enthaltene Flüssigkeit über das schrägstehende Brett ablaufen kann. Paprikaschoten, Tomaten und Zwiebeln kleinschneiden. Die Auberginen abpressen, damit die Bitterkeit entweicht, und zusammen mit den Zwiebeln und Paprikaschoten leicht in einer Pfanne in Pflanzenöl anbraten. Die Tomaten hinzugeben und 10–15 Minuten dünsten. Die geschnittenen Champignons in die Pfanne geben und salzen. Den feingehackten Knoblauch und Koriander sowie Pfeffer beifügen und weitere 2–3 Minuten dünsten.

GEBRATENE ZUCCHINI MIT TOMATEN UND KNOBLAUCH

Die Zucchini in ein Zentimeter dicke Scheiben schneiden und salzen. In Mehl wenden und in Pflanzenöl leicht von beiden Seiten anbraten. Die Tomaten kleinschneiden, auf die Zucchini legen und mit zerhacktem Knoblauch und Pfeffer bestreuen. Die Pfanne abdecken und weitere 2–3 Minuten schmoren. Die fertigen Zucchini auf einen Teller geben und mit zerhacktem Dill und Petersilie bestreuen. Mit Sauerrahm reichen.

4–5 PORTIONEN
2–3 Zucchini
4 kleine Tomaten
3 Knoblauchzehen
4 EL Mehl
Öl zum Braten
Salz, Pfeffer und Kräuter zum Braten

GEDÜNSTETES GEMÜSE

3 PORTIONEN
4 Möhren
½ mittelgroße Kohlrübe
2 Paprikaschoten
3 Kartoffeln
1 Zwiebel
1 Blumenkohl
Für die Sauce:
½ Glas Wasser
10 g Mehl

Das Gemüse waschen, putzen und schneiden. Die Möhren, Kohlrüben und den Kohl in Pflanzenöl in einem tiefen Schmortopf anbraten. Den Schmortopf zur Hälfte mit Wasser füllen, das Gemüse salzen und abgedeckt auf kleiner Flamme dünsten, zuweilen vorsichtig umrühren. Das übriggebliebene Wasser mit Mehl vermischen und dem fast fertigen Gemüse beigeben, ebenso die zuvor gekochten Kartoffeln. Die Gemüsemischung erneut vorsichtig umrühren, aufkochen und nach Belieben Salz, Zucker und Butter hinzugeben. Das fertige Gemüse mit Dill und Tomatenscheiben garnieren.
Kann als Einzelgericht oder als Beilage zu Fleisch, Geflügel und Wild gereicht werden.

GEFÜLLTE PAPRIKASCHOTEN

Paprikaschoten werden gewöhnlich mit Fleisch gefüllt. Wir empfehlen dagegen ein Rezept mit Gemüsefüllung, was Vegetariern besonders gut gefallen sollte.

Die Paprikaschoten waschen, die Kappen nicht abschneiden, sondern nur leicht einschneiden und die Samen entfernen. Möhren, Zwiebeln und Tomaten schneiden und in Pflanzenöl halbgar schmoren. Dem Gemüse Salz und gemahlenen Pfeffer beigeben, mit dem gekochten Reis vermengen, begleitet von einer feingehackten Selleriewurzel für die Würze. Die Paprikaschoten innen salzen, mit der Gemüsemischung füllen und in einen Topf mit ein wenig Wasser und Pflanzenöl legen. Die Paprikaschoten 30 Minuten dünsten, vor dem Servieren mit Kräutern garnieren und mit Sauerrahm reichen.

4 PORTIONEN
5 Paprikaschoten
2 große Möhren
2 große Zwiebeln
2–3 Tomaten
80 g Selleriewurzeln
100 g Reis
Öl zum Braten
Salz und Pfeffer nach Geschmack

ZUCCHINI-OLADJI

4 PORTIONEN
1 Zucchini
2 Eier
70 g geriebenen Käse
1 Knoblauchzehe
1–2 EL Mehl
Salz und Pfeffer nach Geschmack
Kräuter nach Geschmack
Öl zum Braten

Die Zucchini schälen und grob reiben. Zwei Eier hinzugeben und alles gut verrühren. Den Käse, den Knoblauch und die Kräuter reiben (der Knoblauch kann auch gepresst werden) und der Mischung beigeben. Nach Belieben salzen und pfeffern. Das Mehl einstreuen und die Gemüsemasse gut vermengen. Sie muss ziemlich dick werden; sollte das nicht gelingen, muss noch ein wenig Mehl hinzugefügt und alles erneut gut vermengt werden. Die Pfanne vorwärmen und die Oladji von beiden Seiten goldbraun braten.

Das Gericht kann mit Sauerrahm-Sauce und kleingehackten Kräutern serviert werden.

MÖHREN IN MILCHSAUCE

4 PORTIONEN
1 kg Möhren
40–60 g Butter
1 Glas Milch
20 g Mehl
15–20 g Zucker
20 g Dill
Salz nach Geschmack

Die Möhren schälen, waschen, in Streifen oder Würfel schneiden und in Öl leicht anschmoren. Ein wenig Wasser hineingeben und fast gar dünsten. Das Mehl in Öl durchwärmen (nicht anbraten), abkühlen lassen und unter Rühren mit heißer Milch und dem Möhrensud verdünnen. Die daraus entstandene Sauce in die Möhren geben und garkochen.

Vor dem Servieren Salz und Zucker, Butter und Dill beigeben. Möhren in Milchsauce werden oft als Beilage zu verschiedenen Braten- und Kochfleischgerichten verwendet.

6 PORTIONEN
1 kg Zucchini
120 g Möhren
120 g Schnittlauch
60 g Tomatenmark
60 g Butter
30 g Käse
Für die Sauce:
1½ Gläser Brühe
300 g Sauerrahm
30 g Mehl
30 g Butter
Kräuter und Salz nach Geschmack

MIT GEMÜSE GEFÜLLTE ZUCCHINI

Die Zucchini schälen, einen Teil des Fleisches und der Samen entfernen und in 1½ Zentimeter dicke Scheiben schneiden. Die Zucchini in siedendes Salzwasser geben und halbgar kochen, in ein Sieb schütten und abkühlen lassen. Die geschälten und kleingeschnittenen Möhren in Öl anschmoren und das Tomatenmark, das kleingehobelte Fleisch der Zucchini und den feingehackten Schnittlauch hinzugeben. 5-10 Minuten unter gelegentlichem Umrühren dünsten. Die gekochten und abgedämpften Zucchini auf ein eingefettetes Blech legen, mit der Masse füllen, mit geriebenem Käse bestreuen und im Ofen fertigdünsten.

DRANIKI MIT GRIEBEN

Die Draniki (Reibekuchen) werden sehr gut, wenn sie in einer gusseisernen Pfanne gebacken werden.
Statt einer gewöhnlichen Reibe empfehlen wir eine grobe Raspel, weil die Draniki dann einen ganz besonderen Geschmack entfalten. Eier, Mehl und Salz in die geschälten, gewaschenen und geriebenen Kartoffeln geben und sorgfältig verrühren. Diese Mischung zu großen Fladen formen und in eine stark erhitzte Pfanne legen. Von beiden Seiten je 5 Minuten goldbraun backen. Die Pfanne abdecken und weitere 5 Minuten backen. Das fertige Gericht mit Grieben reichen.

4–5 PORTIONEN
8 große oder 12 mittelgroße Kartoffeln
4 Eier
4 gehäufte EL Mehl
Salz nach Geschmack

TEETRINKEN AUF RUSSISCHE ART

Der Tee kam im 16. Jahrhundert nach Russland – früher als nach Europa, aber später als nach Asien. Zunächst wurde er im Zarenpalast und in den Bojaren-Gemächern getrunken, dann in den Adels- und Kaufmannshäusern. Im 19. Jahrhundert fand bereits ganz Russland Gefallen am Tee aus Ceylon, Indien und China. Das Teetrinken am Samowar wurde zu einem Element der nationalen Lebensformen. »Wer Moskau nicht nur vom Hörensagen kennt, wird zustimmen, dass der Tee das fünfte Element seiner Bewohner ist«, schrieb man damals. Der Tee munterte den Menschen in einer traurigen Minute auf und spendete Trost in der Not. Er wurde in Städten und Dörfern getrunken; er gehörte dazu, wenn man aus dem Schwitzbad oder aus der Kälte kam, wenn man müde war oder von einer Reise zurückkehrte; es gab ihn in heimischer Atmosphäre und im Gasthof. Die Wirtschaften und Teehäuser – eine Entsprechung der japanischen Teehäuser – waren gut besucht, besonders während der Jahrmarktszeiten. Man müsste sehen, wie graziös sich die Kellner durch die Menge lavierten – in der einen Hand das Tablett mit dem Geschirr und in der anderen zwei Teekannen!

Vom Teetisch stand niemand hungrig auf – das war (und ist) die Besonderheit der russischen Teezeremonie. Auf dem Tisch gab es stets Piroggen mit Fleisch, Fisch, Eiern und Kohl, Kringel, Bliny mit nahrhafter Füllung, Lachs, Käse, Wurst, Butter, Brot und Brötchen, Watruschki und andere Backwaren.

Das Wichtigste beim Teetrinken auf russische Art ist aber das vor sich hin plätschernde Gespräch und der herzliche Umgang miteinander, der zusammen mit dem heißen Tee die Seele erwärmt. Von alters her galt, dass das gemeinsame Teetrinken am behaglich schnurrenden Samowar die Familien- und Freundesbande stärkt und eine Atmosphäre von Wärme, Wohlbefinden und Glück schafft.

HAUSGEMACHTE KEKSE

Zucker, Vanillepulver und Soda mit Mehl vermengen. Sauerrahm und Öl beigeben und einen Teig kneten. Den Teig zu einer Kugel formen, mit einem Tuch abdecken und für 30 Minuten in den Kühlschrank stellen. Den Teig zu einer 0,5 Zentimeter dicken glatten Schicht ausrollen, an der Oberfläche mit einer Gabel Stiche setzen, die Keksformen ausstechen und auf ein Blech legen. Den Teig mit geschlagenem Eigelb bestreichen, mit Mohn oder feingehackten Nüssen bestreuen und das Blech in den vorgeheizten Ofen stellen. 10–12 Minuten backen.

4 PORTIONEN
2 Gläser Weizenmehl
½ Glas Sauerrahm
1 Glas Zucker
½ TL Soda
½ TL Vanillepulver

TEE MIT MINZE

700 ml Wasser
1 TL schwarzer Tee Bai Hua
5 Blätter frische oder ½ TL getrocknete Minze

Der chinesische Tee Bai Hua (benannt nach den gerade aufgegangenen Teeblattblüten, die diesem Tee sein besonderes Aroma verleihen) ist sehr gesund und beugt vielen Krankheiten vor. Die Minze, ein Gewürzpflanze mit dem Geruch und Geschmack von Menthol, verleiht diesem Getränk viele wertvolle Eigenschaften. Dieser Tee hilft bei Schlaflosigkeit, Erkältung und beruhigt das Nervensystem.

Die Zubereitung dieses Tees ist sehr einfach. Die Teekanne mit brodelnd siedendem Wasser ausbrühen, den Tee und die Minze hineingeben, mit kochendem Wasser übergießen und 5 Minuten ziehen lassen. Der Tee sollte heiß getrunken werden.

LINDENBLÜTENTEE

2 EL frische oder getrocknete Lindenblüten
500 ml Wasser

Tee aus Lindenblüten verfügt über einen weichen, süßlichen, ein wenig herben Geschmack mit Noten von Honig. Dieses hervorragende Vitamingetränk stärkt die Abwehrkräfte. Da Lindenblüten ein hervorragendes keimtötendes Mittel sind, schützt der daraus gebraute Tee vor Atemwegerkrankungen und ist gut bei Erkältungen.
Lindenblüten in die Teekanne geben, heißes Wasser aufgießen und 15 Minuten ziehen lassen. Die Eigenschaften des Tees kommen stärker zum Ausdruck, wenn ein wenig Honig beigegeben wird.

RUSSISCHER TEE (KOPORJE-TEE)

Dieses traditionelle russische Kräutergetränk entsteht beim Aufkochen der Blätter des Waldweidenröschens (auch Iwan-Tschai genannt), benannt nach dem Dorf Koporje in der Nähe von St. Petersburg.
Dieser Tee hilft bei vielen Erkrankungen, stärkt die Abwehrkräfte und bringt den Blutdruck in Ordnung.
Die Teekanne mit brodelndem siedendem Wasser ausbrühen, die Kräuter hineingeben, erneut siedendes Wasser aufgießen und schließen. Nach 30–40 Minuten ist der Tee fertig, nach Belieben Zitronenschale, Honig oder Minze beifügen. Dieser ist heiß und kalt ein Genuss.

1 EL Koporje-Tee
500 ml Wasser

MILCHBRÖTCHEN

4 PORTIONEN
Für den Teig:
1 kg Mehl
1,5 Gläser Milch
5 Eigelbe
1,5 Gläser Streuzucker
300 g Butter
40 g Hefe
Zum Bestreichen:
1 EL Sauerrahm
1 EL Butter
1½ EL Zucker

Einen Vorteig ansetzen, dafür die Hefe in Milch auflösen und die Hälfte der angegebenen Mehlmenge beimengen. Wenn der Vorteig doppelt so groß geworden ist, Salz und die mit Zucker verriebenen Eigelbe hinzugeben und vermengen. Das übriggebliebene Mehl in den Vorteig geben und einen Teig kneten. Den Teig unter Beigabe der zerlassenen Butter so kneten, dass er sich vom Gefäß löst. Einen Deckel auf den Teig legen und an einen warmen Ort stellen. Wenn der Teig sich im Umfang verdoppelt hat, auf ein Brett legen und zu kleinen Brötchen formen. Die Brötchen auf ein leicht gefettetes Blech legen und gehen lassen. Mit einer Masse aus Sauerrahm, der mit zerlassener Butter und einen einem Esslöffel Mehl vermengt wurde, die Oberfläche der Brötchen bestreichen, mit Zucker bestreuen und das Blech in den vorgeheizten Ofen stellen. Die Brötchen 15 Minuten bei 200 Grad backen.

4 PORTIONEN
Für den Teig:
500 g Mehl
1 Glas Sauerrahm
2 Eier
1 EL Zucker
½ EL Salz
2 EL Butter
Für die Füllung:
300 g Quark
1 Ei
⅓ Glas Zucker

WATRUSCHKI MIT QUARK

Die Watruschka ist eine kleine offene Pirogge altslawischer Abstammung. »Watra« bedeutet in vielen slawischen Sprachen »Herd« oder »Feuer«. Vielleicht hat diese Mehlspeise deshalb die Form eines Kreises und ähnelt so sehr der Sonne. In der russischen Küche wird als Füllung gewöhnlich Quark verwendet. Er wird zerrieben und mit Ei, Zucker und Butter vermengt. Davor den Teig kneten, für den Sauerrahm, Butter, Salz, Zucker und Ei in durchgesiebtes Mehl gegeben werden. Den Teig zu einer Kugel formen und 30 Minuten an einen kalten Ort stellen. Den Teig zu einer 0,5 Zentimeter dicken Schicht ausrollen, Kreise ausstechen, diese mit der Füllung belegen und die Ränder verschließen. Die Watruschki mit dem geschlagenem Ei bestreichen und auf einem Blech in den vorgeheizten Ofen stellen. 15 Minuten bei 200 Grad backen.

WATRUSCHKI MIT QUARK UND KÜRBIS

Zuweilen wird der Quark in der Füllung für die Watruschki mit anderen Zutaten kombiniert, zum Beispiel mit Kürbis. Den Kürbis in kleine Stücke schneiden und in Butter unter Beigabe von Zucker anschmoren. Wenn der Kürbis erkaltet ist, sorgfältig mit dem zerbröselten Quark, dem Ei, dem übriggebliebenen Zucker und Butter vermengen. Die Füllung ist fertig. Alles weitere wie im vorangegangen Rezept.

4 PORTIONEN
Für die Füllung:
200 g Quark
200 g Kürbis
1 Ei
½ Glas Zucker
2 EL Butter

TEE MIT VOGELBEEREN

Die Vogelbeere verleiht dem Tee seinen unverwechselbaren Geschmack und das einmalige Aroma, aber die Hauptsache ist – ihre Früchte verfügen über eine reiche Palette an allen erdenklichen Vitaminen (unter anderem enthalten sie Vitamin C) und Essenzölen. Solch ein Tee ist gut bei Vitaminmangel und Darminfektionen, deshalb sollte man sich einen Vorrat an Vogelbeeren für den Winter anlegen, um den Tee das ganze Jahr über zubereiten zu können. Im Sommer getrocknet, kann das Heilgetränk sowohl zu feuchten Herbst- als auch zu frostigen Winterzeiten genossen werden.

Die Teekanne mit siedendem Wasser ausspülen, die Teeblätter und die Beeren hineingeben, mit heißem Wasser übergießen und 15 Minuten ziehen lassen. Nach Belieben Honig beigeben.

500 ml Wasser
½ TL schwarzer Tee Bai Hua
1 TL frische Vogelbeeren

4 PORTIONEN
1 kg Blätterteig
1,5 kg Äpfel
3 EL Zucker
1 Ei
1 TL Zimt
2 EL Semmelbrösel

KUCHEN MIT ÄPFELN UND ZIMT

Den Teig in zwei Teile teilen und ein Zentimeter dicke Fladen formen. Einen Fladen so in die Auflaufform legen, dass seine Ränder sich gleichmäßig über die Wände legen, und mit Semmelbröseln bestreuen. Darauf die geschälten, in Scheiben geschnittenen und mit Zucker und Zimt vermischten Äpfel legen, mit dem zweiten Fladen bedecken, mit einer Gabel anstechen und mit dem Ei bestreichen. Den Kuchen bei 200–220 Grad im Ofen backen.

HONIGLEBKUCHEN

Die Eier mit Zucker verreiben, den gemahlenen Kardamon und Honig beigeben, Mehl einstreuen und gut durchkneten. Den Teig ausrollen, mit Formen Figuren ausstechen und auf ein mit Butter ausgefettetes Blech legen. Die Lebkuchen 10 Minuten bei 180–200 Grad backen. Für die Zubereitung der Glasur Zucker mit Wasser aufkochen, den Schaum abnehmen und abkühlen lassen. Die abgekühlten Lebkuchen mit der Glasur bestreichen und diese trocknen lassen.

4 PORTIONEN
Für den Teig:
1 Glas Mehl
3 Eier
1 Glas Streuzucker
5 Kardamon-Kerne
3 EL Honig
Für die Glasur:
5 EL Zucker
2 EL Wasser

4 PORTIONEN
Für den Hefeteig:
2 Glas Mehl
50 g Zucker
60 g Butter
20 g Hefe
½ Glas Milch
Salz nach Geschmack
Für die Füllung:
400 g frische Johannes- und Preiselbeeren
100 g Zucker

KUCHEN MIT JOHANNES- UND PREISELBEEREN

Die Hefe, Salz, Zucker und ein Drittel des Mehls in Milch auflösen. Vermengen und 1½ an einen warmen Ort stellen. Das restliche Mehl dazugeben, einen Teig kneten, Butter hineingeben und weitere 1–1½ aufgehen lassen, dabei 2–3 Mal durchkneten. Den aufgegangenen Teig auf den Tisch legen, mit Mehl bestreuen, ausrollen, die Ränder einrollen und zusammendrücken. Die mit Zucker vermengten Beeren auf den Teig geben, aus dem restlichen Teig ein Gittermuster legen und 20 Minuten bei 30–40 Grad ziehen lassen. Den Kuchen 15–25 Minuten bei 220–240 Grad im Ofen backen. Auf den fertigen Kuchen können frische Beeren gelegt werden.

ERDBEERKONFITÜRE

1 kg Erdbeeren
1 kg Zucker
½ Glas Wasser

Erdbeermarmelade ist in Russland von alters her beliebt. Wie keine andere ist sie sehr gesund, schmackhaft und aromatisch.
Aus Wasser und Zucker einen Sirup zubereiten, vom Feuer nehmen und vorsichtig die verlesenen und gewaschenen Beeren hineingeben. Das Gefäß mit dem Sirup leicht schütteln, damit die Beeren einsinken, auf den Herd stellen und zum Kochen bringen. Durch wiederholtes Rühren die Haut entfernen, auf kleiner Flamme garkochen.

KIRSCHKONFITÜRE*

Die Marmelade Nr. 1 in Russland, die die meisten Russen von Kindheit an kennen und für ihren unverwechselbaren Geschmack lieben.
Die Kirschen verlesen, mit kaltem Wasser waschen, in eine Schüssel legen und mit Zucker bestreuen. Wenn sich der Zucker aufgelöst hat, die Schüssel auf den Herd stellen, Wasser hineingießen und mit den Beeren vermengen. 40 Minuten auf kleiner Flamme garkochen, dabei die Haut abschöpfen und umrühren.

1 kg Sauerkirschen
1 kg Zucker
½ Glas Wasser

KONFITÜRE AUS SCHWARZER JOHANNESBEERE

1 kg schwarze Johannesbeere
1½ kg Zucker
1 Glas Wasser

Schwarze Johannesbeeren stärken die Abwehrkräfte, denn sie besitzen einen Komplex an Vitaminen und Mineralien. Nach der Wärmebehandlung bleiben die darin enthaltenen Nutzstoffe erhalten, wenn auch in kleinerer Menge.
Die Beeren verlesen, waschen und in den zuvor aus Wasser und Zucker gekochten Sirup geben. Die Mischung aus Sirup und Beeren zum Sieden bringen und 40–50 Minuten auf kleiner Flamme kochen, dabei von Zeit zu Zeit den Schaum abschöpfen und umrühren.

STACHELBEER-KONFITÜRE

Stachelbeeren sind nicht weniger wertvoll. Sie sollten nicht ganz reif sein, damit die Marmelade eine schöne grüne Farbe bekommt.
Die Beeren verlesen, waschen, jede einzelne anschneiden und mit einer Nadel die Samen entfernen. Die Beeren mit Wasser besprengen und 5–6 Stunden in den Kühlschrank stellen. In ein Sieb schütten, in den zuvor aus Wasser und Zucker gekochten Sirup geben und garkochen.

1 kg nicht voll ausgereifte Stachelbeeren
1½ kg Zucker
¾ Glas Wasser

RUSSISCHE GETRÄNKE

Im alten Russland gab es lange, bevor Kaffee und Tee aufkamen, traditionelle Nationalgetränke, die in ihrem Geschmack und ihrer Heilkraft den ausländischen nicht nachstanden. Es gab unendlich viele Arten von aromatischen Gebräuen, die den Durst stillten und in der Kälte wärmten; sie riefen bei ausländischen Gästen, die Russland besuchten, stets begeisterte Kommentare hervor. Die ältesten waren leicht alkoholische Honiggetränke und auf Honigbasis hergestellte Arten von Sbiten´. Sie wurden deshalb so beliebt, weil der Honig im alten Russland, der in der ganzen Welt berühmt war, sehr viel billiger war als Zucker. Sbiten´ und Honiggetränke hatten eine entzündungshemmende, antiseptische und bakterientötende Wirkung und stärkten bei Erkältung die Kräfte. Seit dem 11. Jahrhundert war der Kwas bekannt. In jedem Haus gab es eigene Rezepte dafür. Kwas schützte vor Skorbut und Vitaminmangel, mit ihm wurden Wunden geheilt und der Dampf im Schwitzbad angereichert. Viele traditionelle russische Getränke sind heute vergessen, aber die Liebe zum Kwas, den wir in seiner klassischen Rezeptur geerbt haben, hat sich die heutige Generation erhalten. Heute werden auch Frucht- und Beerensäfte und Kissel getrunken.

Aus der Tiefe der Jahrhunderte kommt die Tradition, Branntweine und Liköre auf Wodka-Basis herzustellen. Davon gab es im alten Russland so viele Sorten wie in keinem anderen Land der Welt. Auf den Landgütern wurden Anis-, Kalgant-, Paprika-, Vogelbeer- und Kalinkenbeer-Schnäpse gebrannt; unter Beigabe von Mandeln, Ingwer, Lorbeerblättern, Pfeffer, Kümmel und Zitronenschale. In Bauernhäusern wurde Wodka mit Minze, Johanniskraut, Salbei und Wacholder angesetzt. Die Rezepte vieler alter Spirituosen haben bis heute überdauert.

BROT-KWAS

1. Stadium:
10 l Wasser
2 Laibe Roggenbrot
50 g Hefe
200 g Zucker
2. Stadium:
7 l Kwas
200 g Zucker
150 g Honig

Der Zubereitungsprozess von Brot-Kwas verläuft in zwei Etappen.
1. Stadium: Das Roggenbrot dünn schneiden und im Ofen trocknen, bis es dunkel wird. Das Hartbrot mit 30–40 Grad warmem Wasser übergießen, Hefe und Zucker hinzufügen und 3–5 Tagen an einem dunklen Ort gären lassen. Wenn das Brot aufgegangen ist, durch ein Sieb zeihen und in Flaschen füllen. Der Kwas wird ziemlich sauer, genau so, um ihn zur Zubereitung von Okroschka zu verwenden.
2. Stadium: 200 Gramm Zucker und 150 Gramm Honig in den sauren Kwas geben, vermengen, in Flaschen füllen und fest verschließen. Am nächsten Tag ist der Kwas fertig. Vor dem Verzehr kühlen.
Der Kwas kann in Plastikflaschen gefüllt werden, die liegend gelagert werden sollten. Je stärker die Flasche aufbläht, desto reifer der Kwas. Wenn die Flasche beim Öffnen ein Zischen hören lässt, ist der Kwas fertig.

PREISELBEERWASSER

Die Beeren waschen, in ein Sieb schütten und trocknen. Ein 3-Liter-Einweckglas bis zu den »Schultern« damit füllen. Dem Wasser Zucker beigeben, aufkochen und abkühlen lassen. Die Beeren bis zum Glasrand mit kaltem abgekochtem Wasser übergießen. Das Glas 2–3 Wochen an einen dunklen und kühlen Ort stellen. Das fertige Preiselbeerwasser sollte eine intensive rosa Farbe haben.
Dem Getränk können Nelken, Minze, Zimt beigegeben werden.

1,8 kg Preiselbeeren
1,5 l Wasser
100 g Zucker

5 l Wasser
1½ kg Moosbeeren
700 g Zucker

MOOSBEERENSAFT

Die Moosbeeren verlesen, waschen, mit Wasser übergießen, zum Kochen bringen, vom Herd nehmen und abkühlen lassen. Die Beeren durch ein Sieb reiben, die Pressrückstände aussondern. Zucker in das Moosbeerenkonzentrat geben und noch einmal aufkochen. Den Saft gekühlt oder mit Eis reichen.
Wenn der Saft zu dick geworden ist, empfehlen wir, ihn mit Mineralwasser mit Kohlensäure zu verdünnen.

PFLAUMENKOMPOTT

3 l Wasser
300 g Pflaumen
100 g Zucker

Das Wasser zum Kochen bringen. Die Pflaumen gut spülen, trocknen und in das siedende Wasser geben. Zucker hinzufügen. Das Kompott etwa 20 Minuten kochen. Das fertige Getränk in Gläsern mit Eis reichen. Wenn das Kompott zu süß ist, mit kaltem abgekochtem Wasser verdünnen oder saure Äpfel hineinschälen.

KISSEL

Um dicken Kissel zu bekommen, Zucker in den Saft mit den entkernten Beeren geben und das Getränk zum Sieden bringen. Die Stärke mit kaltem Wasser verdünnen und mit dünnem Strahl unter Verrühren in den Sirup gießen, bis er dick wird. Den Kissel vom Feuer nehmen.
Haferflocken in Milch einweichen. Wenn sie aufgehen, die Flüssigkeit durch ein Sieb seihen und Salz, Zucker und einen Teelöffel Stärke beigeben. Diese Mischung auf kleiner Flamme unter Rühren zum Verdicken bringen. Dieses alte russische Getränk ist sehr gesund: es stärkt die Abwehrkräfte und verleiht dem durch Krankheit geschwächten Organismus neue Kraft.

4–5 PORTIONEN
1 Glas Kirschsaft
3 EL Zucker
2 EL Stärke
Für Hafer-Kissel
1 Glas Milch
50 g Haferflocken
1 EL Stärke
Zucker und Salz nach Geschmack

1 l Wodka
2–3 Meerrettichwurzeln
1 Vanilleschote
4 EL Honig
11 Nelken
½ TL Ingwer
½ TL Muskatnuss
½ TL Zimt

CHRENOWUCHA

Die Meerrettichwurzel schälen, gut spülen, in Ringe oder Streifen schneiden und in ein 3-Liter-Einmachglas geben. Vanilleschote, Nelken, ein wenig Zitronenschale, Honig, Ingwer, Muskatnuss und Zimt hinzufügen. Alle Zutaten mit Wodka übergießen und ungefähr 5 Tage stehenlassen, dabei jeden Tag den Inhalt des Glases aufschütteln. Wenn der Branntwein fertig ist, die Flüssigkeit durch mehrere Mullschichten filtern und noch ein wenig Wodka dazu gießen. Den Branntwein weitere 3 Tage stehenlassen, danach als Medikament oder »zur Seelenfreude« konsumieren.

BIRKENKNOSPEN

Die Birkenknospen zerstoßen und mit Wodka übergießen. In einem dunklen Raum 2-3 Wochen ziehen lassen, dabei den Inhalt regelmäßig aufschütteln. Vor dem Genuss nach Belieben Honig beigeben.

Branntwein aus Birkenknospen wurden von alters her als Arzneimittel bei Erkältungskrankheiten, Kehlkopfentzündung, Bronchitis, Luftröhrenentzündung und Tuberkulose sowie bei Verdauungsbeschwerden und schlechtem Appetit verabreicht Er wurde 2–3 Mal am Tag 15 Minuten vor den Mahlzeiten zu 20–30 Tropfen auf einen Esslöffel Wasser zu sich genommen.

1 l Wodka
100 g Birkenknospen
2 TL Honig

500 g Vogelbeeren
½ l Wodka
150 g Zucker
1 Glas Wasser

VOGELBEER-WODKA

Die angefrorenen Beeren in ein 3-Liter Einmachglas geben und den Wodka hinzugießen. 2–3 Monate an einem warmen Ort gehenlassen. Wenn das Konzentrat fertig ist, Sirup aus Zucker und Wasser kochen und mit dem durchgeseihten Vogelbeer-Sud vermengen.

JOHANNISKRAUT-WODKA

Die Kräutermischung (ganz, mit Blüten) in eine dunkle Ballonflasche geben und mit Wodka übergießen. Eine Woche ziehen lassen, bis das Getränk satt gelb geworden ist, durchseihen, in Flaschen füllen und verschließen.

Den Johanniskraut-Wodka gekühlt und mit einer Zitronenscheibe reichen. Den Geschmack des Branntweins mit Johanniskraut wissen selbst anspruchsvolle Liebhaber harter Getränke zu schätzen!

1 l Wodka
30 g wilder Majoran
100 g Johanniskraut
30 g Steinklee

FESTGERICHTE

Die wichtigste Gewohnheit des russischen Menschen, die viel in seinem Verhalten erklärt, ist, alles »auf großem Fuß« zu machen. Das hat die Meinung über ihn geprägt, er sei ein gastfreier Mensch, der sich in seinem gastronomischen Verhalten an die Devise hält: »Alles was im Ofen ist, muss auf den Tisch!« Wahre kulinarische Feste gab es in Russland schon immer an Feiertagen. Jedem entsprachen bestimmte Gerichte, die rituelle Bedeutung besaßen, so wie etwa Kulitsch, Pas´cha und gefärbte Eier zu Ostern; Bliny, Schürzkuchen und Watruschkas in der Butterwoche; Sotschiwo zu Heiligabend, »Koljadki« (»Kalitki«) in den Heiligen Wochen, usw. Besonders bekannt war die Butterwoche (Masleniza) mit ihren vielfältigen Ritualen und Vergnügungen und einer Überfülle an Speisen. Nicht umsonst wurde gesagt, dass in der Butterwoche »bis zum Schluckauf gegessen, bis zum Halskratzen getrunken und bis zum Umfallen gesungen und getanzt« wird. Und an Ostern blieb der Tisch überhaupt die ganze Woche über gedeckt, in der barmherzige Christen Arme beköstigten und Kranke und Benachteiligte pflegten.

Die kulinarischen Traditionen der russischen Feste sind bis heute erhalten, wenn auch mit bedeutenden Veränderungen. Festtage in Russland sind immer noch Zeiten, in denen der Tisch reich gedeckt ist und die Besonderheiten der russischen Nationalküche, die traditionelle slawische Gastfreundlichkeit und das Können des russischen Menschen, sich selbst und sein Gäste mit leckeren Speisen zu verwöhnen, am stärksten zum Ausdruck kommen.

Peter I. wollte mit Europa Schritt halten und verbot, das Neujahrsfest im Herbst zu feiern, wie das in der alten Rus üblich gewesen war. Er verlegte es auf den 1. Januar. Dieses Fest haben die Russen stets mit sehr viel Freude gefeiert. Um den Überfluss in der Zukunft vorzuprogrammieren, wurden jede Menge Fleischgerichte serviert: ein gebratenes Ferkel, ein gekochter Schweinskopf, Sülzen. Das Datum für das Neue Jahr fiel ja mit dem Namenstag des heiligen Basilius zusammen, den man als Schutzpatron der Schweine ansah. Geflügel wurde nicht immer zubereitet: damit »das Glück nicht aus dem Haus davonfliegt«.

Es gab zudem eine üppige Kutja mit Fett und kleingehacktem Mohn. Auf den Festtisch gehörten unbedingt rituelle Backwaren. Das konnten Tierfigürchen sein (damit sich das Vieh gut vermehrte), Bliny (damit das Vieh »glatt« blieb), Schürzkuchen und Brötchen (damit die Ernte gut wurde).

Zu Beginn des 19. Jahrhunderts, nach dem Krieg gegen Napoleon, wurde in Russland der Sekt beliebt – ein Getränk, ohne das der Silvesterschmaus heute einfach undenkbar ist. Zunächst hatte man allerdings seine Bedenken und nannte es »Getränk des Teufels« – wegen des herausfliegenden Korkens und des Schaumstrahls.

Wenn im Westen Weihnachten dem Neuen Jahr vorausgeht, so ist es in Russland umgekehrt. Zu Weihnachten bewirten die orthodoxen Christen die Familie und Gäste mit Fleisch- und Fisch-Vorspeisen, Sülzen, Piroggen und natürlich einer in Äpfeln gebratenen Gans. In jedem Haus werden Piroshki zubereitet, mit denen in alter Zeit die Sternsinger bewirtet wurden – diesen Brauch gibt es – besonders auf dem Land – bis heute.

WEIHNACHTS-WURST

Das Schweinefleisch (am besten das Nackenstück oder den Hinterschlegel) waschen, trocknen und zusammen mit dem Speck in ziemlich kleine Würfel schneiden. Salzen und Pfeffern, mit Kognak beträufeln (damit die Farbe erhalten bleibt und zum Konservieren) und gut vermengen. Die vorbereiteten Hammel- oder sehr dünnen Schweinedärme waschen, an einem Ende zubinden, die Fleischmasse nicht zu fest hineinstopfen und am anderen Ende eine Schlaufe machen. Die etwa 10–12 Zentimeter langen Würste 24 Stunden an einem kalten Ort aufbewahren. In einer Pfanne von beiden Seiten goldbraun braten.
Mit frischem oder gedünstetem Gemüse reichen.

4-5 PORTIONEN
500 g Schweinefleisch
100 g geräucherten Schweinespeck
Salz und Pfeffer nach Geschmack
1 Knoblauchzwiebel
30 ml Kognak
Schweine- oder Hammeldärme

GEFÜLLTES MILCHFERKEL

1 Ferkel mit 3–4 kg Gewicht
100 g Butter
3 l Wasser
100 g 9-prozentigen Essig
4–5 Lorbeerblätter
10 schwarze Pfefferkörner
Salz nach Geschmack
Für die Füllung:
500 ml Wasser
150 g Buchweizengrütze
2 Zwiebeln
Innereien vom Schwein

Das Ferkel absengen, ausnehmen und waschen. Zur Zubereitung der Marinade Essig in warmes Wasser gießen und Salz, Pfeffer und Lorbeerblätter hinzufügen. Das Ferkel mit der Marinade übergießen und 3–4 Stunden ziehen lassen. Herz, Lunge und Leber zum Braten schneiden. Die feingehackten Zwiebeln zusammen mit den Innereien in Öl anbraten. Den Buchweizenbrei separat kochen und zu den Zwiebeln und den Innereien geben. Salzen und pfeffern. Das Ferkel aus der Marinade nehmen, trocknen und mit dem Buchweizenbrei und den Innereien füllen. Das Ferkel mit dem Bauch nach unten auf ein gefettetes Blech legen und eine Stunde bei 150 Grad im Ofen braten, dann die Temperatur auf 200 Grad erhöhen. Goldbraun braten, von Zeit zu Zeit mit dem beim Braten austretenden Saft beträufeln. Mit einer Gabel prüfen, ob das Fleisch gar ist: wenn ein durchsichtiger Saft austritt, ist es fertig. Das Ferkel auf ein Tablett legen, garnieren und mit Meerrettich reichen.

WEIHNACHTSGANS MIT ÄPFELN

6–8 PORTIONEN
1 Gans mit 3½–4 kg Gewicht
2 Zwiebeln
6–7 kleine saure Äpfel
5–6 große saure Äpfel
1 EL Majoran
2 EL Pflanzenöl
½ Glas Hühnerbrühe
Salz und Pfeffer nach Geschmack

Die Ganz waschen, mit der Pinzette die restlichen Federn auszupfen und trocknen. Die Flügelspitzen und das überschüssige Fett entfernen. Die Gans mit Salz, Pfeffer und Majoran einreiben, in eine Folie wickeln und 12 Stunden zum Ziehen an einen kalten Ort stellen. Die kleinen Äpfel entkernen und in große Scheiben schneiden, mit Salz und Majoran bestreuen und damit die Gans füllen. Den Hals umdrehen und mit Zahnstochern fixieren. Den Bauch gut verschließen. Die kleingehackten Zwiebeln auf das Blech streuen, die Gans darauf legen und mit Alufolie bedecken. Einen Teil der heißen Brühe auf das Blech gießen und für 30 Minuten in den zuvor auf 200 Grad vorgeheizten Ofen stellen. Dann die Temperatur auf 180 Grad senken und 2½–3 braten. Alle 30–40 Minuten die Haut an den Beinen und der Brust der Gans durchstechen, damit das Fett ausfließt, mit dem die Gans von oben beträufelt werden muss. Eine Stunde vor dem Garwerden die restlichen Äpfel schneiden und auf das Blech um die Gans herum legen. Nach 20–30 Minuten die Alufolie abnehmen, damit die Gans goldbraun wird. Den fertigen Braten aus dem Ofen nehmen, das überschüssige Fett abgießen, die Gans auf eine Platte legen und mit den Äpfeln garnieren.

FISCHSÜLZE

5–6 PORTIONEN
1 kg Zander
500 g Hecht
500 g Aalrausche
400 g kleiner Flussbarsch
1 Selleriewurzel
1 Bund Schnittlauch
100 g Möhren
2–3 Eier
Kräuter, Pfeffer, Lorbeerblätter
1,5 l Wasser

Den Fisch waschen, in Teile schneiden, salzen und eine Stunde ziehen lassen. Aus dem Gemüse und den Gewürzen eine Brühe kochen, Salz hinzugeben. Die Brühe abkühlen lassen, den abgetrockneten Fisch (Zander, Hecht und Aalrausche) hineingeben und garkochen. Wenn die Brühe kalt ist, den Fisch herausnehmen, putzen, Köpfe und Gräten entfernen und in gleichmäßige Stücke schneiden. Die Köpfe und die Gräten in die Brühe geben, den kleinen Flussbarsch und ein wenig verdünnte Gelatine hinzufügen. Die Brühe ungefähr zu einem Drittel eindicken und durch ein Tuch seihen. Die fertigen Fischstücke in Auflaufformen legen, mit Eiern und Kräutern garnieren, mit der Brühe übergießen und in den Kühlschrank stellen. Die Fischsülze mit Senfsoße servieren.

ZUNGE IN GELEE

4-5 PORTIONEN
1 mittelgroße Rinderzunge
10 g Gelantine
1 Möhre
1 Selleriewurzel
1 Zwiebel
3–4 Lorbeerblätter
Nelkenpfeffer nach Geschmack
50 g Petersilie
1 Dose grüne Erbsen
Salz nach Geschmack

Die Zunge mit kaltem Wasser übergießen und 1–2 Stunden stehenlassen. Gut waschen und mit Wasser übergießen. Zum Sieden bringen, den Schaum abschöpfen und Möhren, Sellerie, die ganze Zwiebel, Lorbeerblätter und Pfeffer hinzugeben. 2–2½ Stunden auf kleinster Flamme ohne Deckel kochen. Eine halbe Stunde vor dem Garwerden Salz und eine Prise Safran beigeben. Die Zunge herausnehmen und kurz mit kaltem Wasser übergießen, die Haut entfernen und kalt werden lassen. Die Brühe durchseihen und 250 Milliliter abgießen. Die Gelatine mit Wasser übergießen (so lange, wie auf der Packung angegeben ist), ausdrücken und in die warme Brühe geben, damit sich die Gelatine völlig auflöst (so verliert die Brühe nicht ihre schöne Farbe). Petersilie, grüne Dosenerbsen und die zuvor geschnittene Zunge auf den Boden der Auslaufformen legen und mit der Brühe übergießen. Das Gericht für 4 Stunden in den Kühlschrank stellen. Mit hausgemachtem Meerrettich oder Senf reichen.

SÜLZE

5 l Wasser
1 Schweinefuß
1 kg schieres Schenkelfleisch
5 Lorbeerblätter
10 schwarze Pfefferkörner
1 Knoblauchzwiebel
2 mittelgroße Zwiebeln
Kräuter zum Garnieren

Den Schweinefuß sorgfältig waschen, in einen Topf legen, das Rindfleisch beigeben und mit kaltem Wasser übergießen. Auf mittlerer Flamme zum Sieden bringen, den Schaum abschöpfen, die Zwiebeln hinzufügen und 3–4 Stunden auf kleiner Flamme weiter köcheln lassen. Etwa eine Stunde vor dem Garwerden Gewürze und Lorbeerblätter in die Brühe geben. Die fertige Brühe (sie sollte eine goldbraune Farbe bekommen) vom Herd nehmen, abkühlen lassen und das Fleisch entnehmen. Die Knorpel vom Schweinefuß und dem Rindfleisch entfernen, mit Messer und Gabel in kleine Stücke schneiden und in einem Gefäß auslege. Den in Scheiben geschnittenen Knoblauch und die Kräuter hinzugeben und die Brühe hinein gießen. Die Sülze mehrere Stunden in den Kühlschrank stellen, damit die Brühe erkaltet. Das fertige Gericht mit Meerrettich und Senf reichen.

HAMMELKEULE

Die Hammelkeule waschen, trocknen, Sehnen und Häute entfernen. Salz, Pfeffer, Pflanzenöl, Knoblauch und frischen Rosmarin vermengen, das Fleisch mit dieser Sauce bestreichen und auf allen Seiten mehrere Einschnitte mit dem Messer setzen. Das Hammelfleisch 2–3 Stunden marinieren, dabei mit Folie bedecken. Vor dem Zubereiten den Herd auf 220 Grad vorheizen. Die Hammelkeule auf ein Blech legen und in den Ofen stellen, von Zeit zu Zeit mit Fett beträufeln. Nach 3–3½ Stunden ist das Fleisch fertig.
Vor dem Servieren in Streifen schneiden, mit Kartoffeln auf die Teller geben, mit Dill und Petersilie bestreuen.

1 Hammelkeule mit 2½–3 kg Gewicht
3 EL Pflanzenöl
3–5 Rosmarinzweige
Kräuter, Salz und Pfeffer nach Geschmack
7–8 Knoblauchzehen
1 EL Butter

SCHWEINEBRATEN

10 PORTIONEN
1½ kg Schweinekeulen
1 Knoblauchzwiebel
1 EL Senf
Rosmarin nach Geschmack
Thymian nach Geschmack
2 TL Pfeffergemisch
Salz

Das Schweinefleisch vorbereiten: sorgfältig waschen, trocknen und einlegen. Für die Marinade den Knoblauch in Scheiben schneiden und mit Senf, Rosmarin, Thymian, Pfeffer und Salz vermengen. Kerben in das Fleisch schneiden und mit Knoblauchzehen bespicken. Die restliche Mischung gleichmäßig auf der gesamten Oberfläche des Schweinefleisches verteilen. Das Fleisch 6–8 Stunden an einen kühlen Ort stellen. In Folie wickeln, damit der Saft nicht ausläuft, auf ein Blech legen und 1½–2 Stunden auf kleiner Flamme im Backofen braten, dann die Temperatur auf 160 Grad erhöhen. Nach etwa 15–20 Minuten ist der Schweinebraten fertig.

GEFÜLLTER ZANDER

Den Zander entschuppen, den Rücken entlang einkerben und Wirbelsäule und Innereien entnehmen, ohne die Bauchpartie zu verletzen. Kartoffeln und Möhre schälen, garkochen und pürieren. Das in Milch eingeweichte Weißbrot, den geschälten Knoblauch und das entgrätete Zanderfilet durch den Fleischwolf drehen. Die Petersilie waschen und kleinschneiden. Die Kartoffeln mit dem Hack vermengen. Salzen, pfeffern und mit Zitronensaft besprengen. Den Fisch mit dieser Masse füllen und mit Spießen oder Zahnstochern verschließen oder mit einem Faden umwickeln. Den Zander in eine Backform legen, in den vorgeheizten Ofen stellen und 25–30 Minuten backen.
Den fertigen Fisch auf Salatblätter legen und mit Zitronenscheiben, frischem Gemüse und Kräutern garnieren.

6–8 PORTIONEN
1 Zander mit 1–1½ kg Gewicht
3 Kartoffeln
3 Knoblauchzehen
1 Zwiebel
½ Zwiebel
2 Stücke Weißbrot
1 Möhre
Petersilie
Salz und Pfeffer nach Geschmack
100 ml Milch

ENTE MIT EINGELEGTEN ÄPFELN

10 PORTIONEN
1 Ente mit 1½–2 kg Gewicht
4–5 eingelegte Äpfel
Für die Marinade:
2 EL Honig
Salz, Pfeffergemisch und Geflügelgewürze

Alle Zutaten für die Marinade in einer Sauciere vermengen und die Ente mit dieser Mischung innen und außen gut einreiben. Die Ente in Folie wickeln und 6–8 Stunden an einen kühlen Ort stellen, damit sie gut durchzieht. Die eingeweichten Äpfel in Hälften schneiden, das Gehäuse entfernen und in große Scheiben schneiden. Die Ente aus der Folie nehmen, mit den Äpfeln füllen und verschließen. Die Ente mit einem Pinsel mit Honig bestreichen, bevor sie auf das Blech kommt. Auf dem Blech mit Folie bedecken und zunächst 1½ Stunden bei 160–170 Grad braten. Die Temperatur auf 200 Grad erhöhen, die Folie abnehmen und die Ente nochmals eine Stunde braten. Dabei permanent mit dem Saft beträufeln, der sich auf dem Blech ansammelt. Die fertige Ente abkühlen lassen und die Äpfel entnehmen, mit denen das Gericht garniert wird.

BUTTERWOCHE

Die Butterwoche (Masleniza) ist das Fest des Frühlingsbeginns; es wird zur Frühjahrs-Tag- und Nachtgleiche gefeiert. Die orthodoxe Christenheit begeht es unmittelbar vor den Großen Fasten, sieben Wochen vor Östern. In der Butterwoche werden alte heidnische essbare Symbole für die Sonne verwendet – Watruschkas, Kringel und natürlich Bliny (Pfannkuchen). Bliny sind die wichtigste Speise der Butterwoche, sie wurden über die ganze Woche aus Roggen,- Buchweizen- und Weizenmehl gebacken. Echte Bliny wurden aus Hefeteig gebacken, wenn aus ungesäuertem Teig, dann auf Milch und Eiern. Mit Bliny begann der Tag, zu Bliny wurden Gäste geladen; sie wurden mit Sauerrahm, Butter, Honig, Konfitüre, Fleischstreifen, Salzfisch und Kaviar gegessen. Von der Rolle der Bliny in der Butterwoche zeugen aus alter Zeit überkommene Redewendungen: »Ohne Blin keine Masleniza«, »In den Bergen rodeln, sich in Bliny wälzen«, »Ein Blin ist kein Keil, der schlitzt den Bauch nicht auf«. Zur Butterwoche werden auch Fischgerichte zubereitet. In den südlichen Regionen Russlands kommen Wareniki auf den festlichen Tisch.

BLINY MIT KAVIAR

6 PORTIONEN
400 g Mehl
400 ml Milch
150 g warmes Wasser
10 g Trockenhefe
150 ml Sonnenblumenöl
4 Eier
4 TL Zucker
1 TL Salz
250 g roten Kaviar

Eier, Zucker und Salz vermengen und gut aufschlagen, bis sich viele Blasen bilden. Die restlichen Zutaten in diese Masse geben, unter ständiger Beigabe von warmem Wasser gut unterrühren, bis der Teig gleichförmig wird. Eine Stunde ins Warme stellen. Wenn er sich im Volumen verdoppelt hat, erneut verrühren und nochmals aufgehen lassen. Die Bliny in einer stark erhitzten Pfanne backen, mit Öl bestreichen und auf jeden einen Esslöffel Kaviar geben. Die Bliny zusammenrollen und über Kreuz halbieren. Der Kaviar kann zu den Pfannkuchen in einem kleinen, mit Butter garnierten Schälchen separat gereicht werden.

10 PORTIONEN
1 l Milch
25 g Hefe
25 g Butter
4 ½ Gläser Mehl
2 Eier
2 TL Zucker
100 ml 30-prozentige Sahne
1 TL Salz

HEFE-BLINY

Hefe und Butter in warmer Milch auflösen, die Hälfte der angegeben Mehlmenge hinzugeben und den Teig aufgehen lassen. Sorgfältig aufschlagen, die zweite Hälfte Mehl und einen Löffel Salz hinzufügen. 2 Eigelbe mit 2 Teelöffeln Zucker verrühren und in den Teig geben – der Teig darf am Schluss keinen einzigen Klumpen aufweisen. Das von den Eiern übriggebliebene Eiweiß in die Sahne geben, mit dem Teig verrühren und aufgehen lassen. Die Bliny in einer Pfanne mit einem dicken, mit Öl gefetteten Boden backen. Die fertigen Pfannkuchen in ein tiefes, ein wenig angewärmtes Gefäß legen oder in ein Wasserbad stellen, das mit einem Handtuch abgedeckt wird.

BUCHWEIZEN-BLINY

Die in einem Glas warmer Milch aufgelöste Hefe in das Weizenmehl und anderthalb Gläser Buchweizenmehl geben und gut verrühren. Wenn der Teig aufgeht, ein weiteres Glas Buchweizenmehl hinzugeben, weiterrühren und aufgehen lassen. Dem Teig etwa eine Stunde vor dem Backen zwei Gläser siedende Milch beifügen und zu einer homogenen Masse schlagen. Den Teig abkühlen lassen. Salz, Eier und Butter hinzufügen. Erneut gut kneten, aufgehen lassen und die Pfannkuchen ohne zu Verrühren in einer kleinen, stark erhitzten Pfanne in Pflanzenöl backen. Die fertigen Bliny mit Butter, Kaviar und Sauerrahm reichen.

5 PORTIONEN
2½ Gläser Buchweizenmehl
1½ Gläser Weizenmehl
20 g Hefe
2 Gläser Milch
3 Eier
60 g Butter
250 g Pflanzenöl

ХВ
Апрель
СВЕТЛОЕ ХРИСТОВО ВОСКРЕСЕНИЕ

OSTERN

Die Auferstehung Christi war das wichtigste Fest im alten Russland. Die gesamte Osterwoche war, unter ununterbrochenem Läuten der Kirchenglocken, erfüllt von allgemeinem Jubel. Damals zeichnete sich der Ostertisch durch ganz besondere Pracht aus; er bog sich förmlich unter den vielen unterschiedlichen Speisen. Gereicht wurde: gebratenes Lamm, gebratene und mit Nüssen gefüllte Ferkel, Hühnerkeulen, Wurst, Käse. Es gab Vorspeisen aus rohem und gekochtem Gemüse, Hühnerklein, gedünstete Krebse, Fischrogen, Fischmilch, Heringe. Es gab Geleefisch, Sülzen, Njanja (gedämpfter Buchweizenbrei mit Hammelfleisch), Rind mit Rüben, gedünstete Innereien, Braten in Heumehl mit Bier, Ente mit Honig oder mit Wacholder gebratene Gans. Es wurde Kissel und Sbiten gekocht, die selbstgebrannten Schnäpse und Liköre und Weine kamen auf den Tisch. Es gab bis zu 48 Gerichte, nach der Zahl der vorangegangenen Fastentage. Im Mittelpunkt stand stets der Kulitsch, der früher so groß wie ein Eimer sein konnte – der große russische Ofen ließ das zu. Neben dem Kulitsch gab es Pas´cha und gefärbte Eier. Damit beschenkte man sich seit alters her beim Oster-Bekreuzigen, das nur in Russland üblich ist.

KULITSCH

500 ml warme Milch	½ Glas Sonnenblumenöl
1 kg Mehl	75 g Rosinen
250 g Zucker	5 g Safran
2 Eier	1 EL Wodka
150–200 g zerlassene Butter	2 Kardamon
	Muskatnuss
¾ Paket Hefe	Salz

Die Hefe in warmer Milch auflösen. Eier, zerlassene Butter, Sonnenblumenöl, Mehl, Salz, Gewürze, Rosinen und (zuvor 5 Stunden in Wodka angesetzten) Safran beigeben. Den Teig kneten, bis er zu einer homogenen Masse wird. Den Teig in mehrere Teile teilen und zu Kugeln rollen. Die mit Butter bestrichenen Bällchen in Kulitsch-Backformen oder einfach in Töpfe geben. Den Teig aufgehen lassen und die Backformen für 45 Minuten in den Ofen stellen. Bei 180–200 Grad backen. Wenn sie fertig sind, glasieren – dafür ein Eiweiß mit einem halben Glas Puderzucker vermengen – oder einfach mit Puderzucker bestreuen.

OSTER-QUARKKUCHEN (PAS´CHA)

Den fettarmen Quark pressen, damit die überschüssige Flüssigkeit ausfließt, und durch den Fleischwolf drehen. Die zerlassene Butter hineingießen und gut verrühren. Die vom Eiweiß getrennten Eigelbe mit einem Kilo Zucker vermengen und schlagen, bis er sich völlig aufgelöst hat. 400 Gramm Sauerrahm und einen Löffel Salz in die Eimischung geben und mit der Butter- und Quarkmasse vermengen. Die Rosinen für 3 Minuten in siedendes Wasser tauchen, in ein Sieb schütten, trocknen und in die Quarkmasse geben. Den Topf mit der Pas´cha in ein Wasserbad stellen und unter ständigem Rühren zum Kochen bringen. Vom Feuer nehmen, abkühlen lassen und in die Backform füllen. Nach einem Tag ist die Pas´cha fertig.

2 kg klumpenfreier Quark
350 g Butter
8 Eigelbe
1 kg Zucker
400 g Sauerrahm
1 TL Salz
¾ Glas Rosinen

BEMALTE EIER

Die kreativste Beschäftigung vor Ostern ist das Färben von Eiern. Dafür versammelt sich die Familie am Abend um den Tisch, und jeder kann etwas Ungewöhnliches hervorbringen – gibt es doch jede Menge Methoden zum Eierbemalen. Die einfachste und verlässlichste Variante ist das Färben in Zwiebelschalen. Dafür braucht es ziemlich viele Zwiebelhüllen. Sie werden mit kaltem Wasser übergossen und zum Kochen gebracht. Die Eier hineingeben und etwa 15–20 Minuten kochen. Am Ende färbt sich die Eierschale gleichmäßig rostrot.

SÜLZE IN EIFORM

Das Fleisch in wenig Wasser garkochen. Abkühlen lassen und den Schinken quer zur Faser in kleine Stücke schneiden. Paprika und Kräuter zerkleinern. Kräuter, Paprika, Fleisch und Schinken nacheinander in die Eierschalen geben. Die durchgeseihte Brühe aufkochen und darin die zuvor in ⅓ Glas Wasser eingeweichte Gelatine auflösen. Die vorbereiteten Eier mit der heißen Brühe übergießen. Wenn sie erkaltet sind, über Nacht in den Kühlschrank stellen.
Am Morgen pellen wie richtige Eier. Kalt servieren, damit sie nicht auseinanderfallen, und mit Kräutern garnieren.

10 PORTIONEN
10 Eierschalen
150 g Fleisch
100 g Schinken
30 g Gelatine
1 rote Paprikaschote
4 EL grüne Erbsen
Kräuter

Москва. Кремль
Архангельский собор
Москва
Церковь Николы в
XVII в.

STOLICHNAYA
КРИСТАЛЛ
Stolichnaya vodka
USSIAN VODKA

RUSSISCHER WODKA

GESCHICHTE

In allen Ländern gibt es eigene, typisch nationale Spirituosen. In Mexiko ist das Tequila, in den USA Whiskey, in Frankreich Kognak und auf Kuba Rum. Diese Getränke sagen viel aus über den Charakter des jeweiligen Volkes. Aber in Russland ist Wodka nicht nur irgendein Produkt mit Alkohol, sondern das Getränk Nr. 1, ein Mittel der nationalen Selbstfindung. Es gibt die Meinung, dass sich die russische Seele gerade durch den russischen Wodka erst richtig entfaltet.
Der Konsum des »berauschenden Tranks« hat tiefe Wurzeln im alten Russland. Einer Legende nach lehnte bereits »Wladimir Rote Sonne«, als er den Glauben für sein Volk auswählte, Religionen ab, die Alkoholika verbaten. Denn, wie Fürst Wladimir gemäß der »Nestor-Chronik« sagte: »Den Russen ist das Trinken eine Lust, ohne das können wir nicht sein.« Und außerdem: Wie kann man unter den Bedingungen des harten russischen Klimas überleben, ohne munter machende Getränke zu Hilfe zu nehmen? Was das stärkste unter ihnen, den Wodka, angeht, wird er in Russland seit Jahrhunderten getrunken, und das wird wohl auch in Zukunft so bleiben.
Wodka nahm im russischen Leben schon immer einen wichtigen Platz ein. Abhängig von der historischen Epoche wurde er »Katenka« und »Smirnowka« (nach dem Namen eines der größten inländischen Hersteller) genannt; dann kamen »Kerenka«, »Monopolka«, »Rykowka«, »Andropowka« und andere.

C_2H_5OH - 40%
H_2O - 60% } !!!

Wodka ist in Russland derart unentbehrlich, dass er zu einem unabdingbaren Element der Alltagskultur geworden ist. Es hat sich sogar eine Art russisches Heimgewerbe herausgebildet, bekannt unter dem Namen »Schnapsbrennen«. Und die vielen Umwälzungen, die das Land erschütterten, haben ein genuin russisches Phänomen hervorgebracht – eine Flasche Wodka war hier über viele Jahre hinweg die einzige »harte Zahlungseinheit«.

Die Marke »Russischer Wodka« entstand früher als andere weltweit bekannte Alkoholmarken. Die Art seiner Herstellung kam in Russland vermutlich im 15. Jahrhundert auf. Gemäß einer Legende schuf der Mönch Isidor aus dem Tschudow-Kloster, das sich im Moskauer Kreml befand, 1430 das Rezept für ein bemerkenswertes alkoholisches Getränk, dem beschieden sein sollte, die ganze Welt zu erobern. Den Ereignissen vorauseilend, wollen wir anmerken, dass das Internationale Schiedsgericht diese Tatsache 1982 verankert hat, indem es den dem Wodka den Status eines russischen Nationalgetränks verlieh. Russland bekam das alleinige Recht, auf dem Weltmarkt russischen Wodka unter diesem Namen zu bewerben. Der Werbeslogan »Nur Wodka aus Russland ist echter russischer Wodka« bekam internationale Anerkennung.

An dieser Stelle ist es angebracht, endlich zu sagen, was denn nun Wodka vom Standpunkt seiner Rezeptur und Herstellungsweise ist, und worin der grundlegende Vorteil richtigen russischen Wodkas gegenüber den vielen außerhalb Russlands produzierten Pseudo-Wodkas liegt.

Die Grundlage für jeden beliebigen guten Wodka ist eine Mischung aus Alkohol, gewonnen aus Getreide (Roggen, Weizen), und Wasser, das einer sorgfältigen hochtechnologischen Reinigung unterzogen wird. Je höher die Qualität des Getreides und je weicher das Wasser ist, desto besser wird im Endeffekt das Ergebnis. Aber wenn im Westen die Vervollkommnung der Ausrüstung und des wichtigsten technologischen Prinzips – der Destillation – an erster Stelle stand, so setzte man in Russland auf die Authentizität des Rohstoffs und der Rezeptur. Mehr als das – die unzureichend entwickelte materielle Basis zwang die Russen, sehr ausgeklügelte Arten des Reinigens anzuwenden, also in dieser Richtung Fortschritte zu machen. Die Perfektion der Verarbeitungsmethoden machte den Wodka denn auch zu einem der reinsten hochprozentigen Getränke in der Welt, das keinen allzu großen Katzenjammer hervorruft.

Man kann mit einiger Sicherheit behaupten, dass der russische Wodka nicht nur ein Mittel ist, sich einen Rausch anzutrinken, sondern ein vielschichtiges nationales Produkt, das in sich mit der historischen, gastronomischen und technologischen Phantasie des russischen Volkes vereint, basierend auf dem Naturreichtum Russlands. Denn gerade das weiche, lebendige (keiner Destillation und keinem Sieden unterworfene) Wasser der nördlichen russischen Flüsse und die hohe Qualität des russischen »Korns« lieferten die Grundlage für die führende Stellung des russischen Wodkas, die bis heute Bestand hat. Alle angeführten biologischen und geografischen Gründe eröffneten die Möglichkeit zur erneuten Produktion von echtem russischem Wodka allein in Russland, und nicht jenseits der Landesgrenzen.

Aber kehren wir zurück in die Tiefe der Jahrhunderte… Im 16. Jahrhundert begann man mit dem Export des russischen Wodkas, der im alten Russland schon längst weit im Umlauf war. Aber ursprünglich hieß er »Brot- (und auch gekochter oder heißer) Wein oder auch »Kortschma«. Das Wort »Wodka«, abgeleitet vom Wasser als einer der Ausgangszutaten, kam in Russland im 17. Jahrhundert auf. Später wurde diese Bezeichnung auch von Gelehrten offiziell anerkannt, womit sie die ausnehmend wichtige Rolle von ideal reinem Wasser bei der Herstellungstechnologie dieses russischen Nationalgetränkes betonten.

Nach dem Mischungsverhältnis von Alkohol und Wasser unterscheidet sich der Wodka in seiner Stärke. Der Prozent des Anteils von Alkohol in Spirituosen wird traditionell in Graden ausgedrückt. Deshalb wird auf Wodka-Etiketten statt dem Zeichen »Prozent« das Zeichen »Grad« verwendet. Heute sind das natürlich 40 Grad, aber so war es nicht immer. Wodka hatte in Russland auch 38, 40, 45, 50 und 56 Grad.

Es gibt eine historische Anekdote, die die Entstehung des Wodkas mit dem Entdecker des »Periodensystems«, Dmitri Mendelejew, in Zusammenhang bringt. In Wahrheit hat er seine Stärke von 40 Grad nachgewiesen, wenn 60 Teile Wasser 40 Teilen Alkohol entsprechen. Das ist sehr wichtig: nur bei dieser Relation erfolgt die vollständige Erfassung der Gärungsmassen und anderer Beimischungen, und die Beschaffenheit des Wodkas gewinnt das Maß an Homogenität, die die beste Aufnahme des Alkohols durch den Organismus sicherstellt. Unter dem Namen »Moskauer Spezialbrand« wurde diese Variante des legendären Getränks 1894 in Russland patentiert.

Wie wir sehen, ist der moderne russische Wodka nicht nur das Ergebnis jahrhundertealter Volkstraditionen, sondern auch von exakter wissenschaftlicher Berechnung, die ein chemisch reines unschädliches Produkt garantiert.

СМИРНОВЪ
ТОРГОВЫЙ ДОМЪ
1860
ПО ВОЗРОЖДЕНІЮ ТРАДИЦІЙ
П. А. СМИРНОВА
0,5 л
40%
№21
ВОДКА

WELCHES ESSEN PASST ZUM WODKA – DIE RICHTIGE SAKUSKA

Da Wodka bei weitem kein Getränk der Götter ist, sondern ein harter alkoholischer Tropfen, sollte man besondere Maßnahmen ergreifen, um seine vehemente Wirkung auf die Geschmacksrezeptoren zu neutralisieren – soll heißen: zum Wodka gehört vernünftiges Essen. Gerade mit Verstand ausgesuchte Speisen verhindern, dass ein ausgiebiger Spirituosen-Genuss einen monumentalen Kater am »Morgen danach« verursacht!

Was sollte man denn nun am besten zum Wodka essen? Hier gehen die Meinungen auseinander, deshalb kehren wir zum Begriff »Sakuska« selbst zurück, bevor wir die optimalen Varianten vorschlagen. Es geht hier nicht um die »Sakuskas« zum Aufwärmen vor dem Essen (Vorspeisen, von denen weiter oben viel die Rede war), sondern um »begleitende Speisen« zum Alkohol. Sie sollten aus Zutaten bestehen, die äußerst wichtig sind zum Einschätzen der wahren Bedeutung des Wodkas als Getränk. Nur vor dem Hintergrund einer nahrhaften, salzhaltigen Sakuska sind die gesamten Eigenschaften des Wodkas in der Lage, sich voll zu entfalten.

Sakuska zum Wodka ist nicht nur Essen, sondern ein rein russisches Phänomen, das in den Tiefen der russischen Alltagstraditionen herangereift ist. Deshalb verlangt es einen gesonderten Kommentar und ist für Vertreter anderer Kulturen gewöhnungsbedürftig. In anderen Sprachen gibt es kein exaktes Äquivalent für dieses Wort, man versucht gar nicht mal, es zu übersetzen, und belässt es bei dem russischen Namen.

Weil der weltberühmte Wodka in Russland geboren wurde, haben es seine Erfinder geschafft, die russische traditionelle Küche optimal an ihn anzupassen. Deshalb gewinnt er am meisten in Kombination mit traditionellen russischen Gerichten.

Wodka von guter Qualität braucht eine gute »Begleitung«: **gedörrten Störrücken, Sewruga mit Meerrettich, leicht gesalzenen Lachs, roten, schwarzen und rosa Kaviar**. Gleichauf mit der Matrjoschka, Balalaika und Wodka galt schwarzer Kaviar stets als Symbol für Russland. Die Vorstellung, dass die Russen den Kaviar löffelweise essen, war gar nicht einmal so übertrieben. Wegen der Wirtschaftskrise und der scharfen Kontrolle der Lachsfänge hat sich das Verbrauchersegment der Konsumenten von schwarzem Kaviar sehr eingegrenzt. Aber nicht in dem Maße, dass er aufgehört

STOLICHNAYA
Stolichnaya vodka
40% ALC. BY VOL. (80 PROOF)
RUSSIAN VODKA
Орган Центральн
КПСС
Страна торжественно
отметила 70-летие
Великого Октября.
Ленин, революция,
перестройка—

hat, eine der vorzüglichsten Sakuskas zum Wodka zu sein. Wenn möglich, essen Sie zum Wodka dieses ungewöhnlich schmackhafte und eiweißreiche Produkt!

Nicht nur teurer Kaviar und Störfisch bringen einen guten Effekt hervor, sondern auch demokratischere Lebensmittel. Was ist nun in der Vorstellung eines mittelstatistischen Menschen des russischen Kulturraums die klassische Sakuska zum Wodka? Natürlich die genuin russischen, anerkannten gastronomischen Varianten. Wir ahnen, dass in den Boulevardzeitungen die **gesalzenen Gurken** den ersten Platz belegen werden. Nicht in jedem Haus finden sich Anhänger der bewährten Methode, Gemüse für den Winter einzulegen, deshalb macht es heute auch ein Glas oder mehrere aus dem nächstgelegenen Laden (Salzgurken machen den Wodka nicht kaputt!). Aber geben Sie bitte solchen Behältern den Vorzug, wo neben Gurken auch Knoblauch, Pfefferkörner, Lorbeerblätter und Dill zu finden sind. Eben diese Gewürze geben unserer geliebten Sakuska den einzigartigen Geschmack!
Eine besondere Empfehlung: gießen Sie auf keinen Fall die Salzlake weg – ein besseres Mittel gegen einen möglichen Kater kann es gar nicht geben!

Am Brot wird nach dem Genuss eines Gläschens Wodka nicht nur gerochen, es wird auch dazu gegessen. Besonders gut für diese Zwecke ist **Roggenbrot**, das nicht einmal akkurat geschnitten werden muss, sondern einfach von der frischen Kante abgebrochen werden kann. Viele bestreuen es gern mit Salz, aber es geht auch ohne Salz, in Reinform sozusagen. Die beste Ergänzung zu Schwarzbrot ist allerdings ein Häppchen leckerer **Hering** in Sonnenblumenöl, dazu ein paar knackige, scharfe Zwiebelringe! Eine bessere Sakuska zum Wodka ist undenkbar! Nicht umsonst erfreute sich dieses Paar – Hering und Zwiebel – bei den Besuchern kleiner, anständiger Gaststätten, der sogenannten »Rjumotschnajas« (von rjumka = Schnapsglas) besonderer Beliebtheit, wobei der Hering durch den Strömling ersetzt werden konnte. Heute ist die Auswahl an Heringen – diesen »russischen Sushi, die wegen des erhöhten Anteils von Omega-3-Fettsäuren an sich schon gesund sind – unbegrenzt. Bei der Vielfalt an Verpackungen sollte dem Fisch in Fässchen den Vorzug gegeben werden; es geht aber auch die Vakuumverpackung ohne Flüssigkeit und Luft. Wenn Sie den Hering nicht selbst zerlegen wollen, nehmen Sie ihn in Gläsern, wo er bereits zu appetitlichen, in Öl schwimmenden Stückchen zugeschnittenen ist.

Hering als Sakuska ist gut in Kombination mit Kartoffeln. Letztgenannte sind zum Wodka auch einzeln gut – weichgekocht, dampfend, in der Pelle oder als Püree. Wie empfehlen, den Kartoffeln den Vorzug zu geben, denn als heißes Gericht bremst sie den Prozess des Betrunkenwerdens. In sowjetischen Zeiten, als der Nahrungskorb die heutige Vielfalt nicht kannte, standen stets Kartoffeln auf dem Tisch. Vielleicht hat sich das im genetischen Gedächtnis festgesetzt und wir finden die Kartoffeln bis heute so lecker. Jedenfalls ist ein russisches Festessen ohne

ST.PETERSBURG
Русский Стандарт
ВОДКА
PLATINUM
SILVER FILTERED
BELUGA NOBLE
EXPORT
BELUGA
FINEST QUALITY
NOBLE RUSSIAN VODKA
DISTILLED AND BOTTLED IN RUSSIA
MARIINSK DISTILLERY
EXPORT

sie bis heute kaum vorstellbar. Gute Beilagen zu Kartoffeln sind Zwiebeln, Kräuter, Gesalzenes und Sauerkraut.

Um das **Sauerkraut** wird es jetzt gehen. Vom russischen Tisch war es zu keiner Zeit wegzudenken. Im Winter war es für die Russen stets eine Quelle an Vitaminen und Mineralstoffen; es half, die schwere Jahreszeit zu überstehen. Jetzt, da die Palette an Vitaminquellen sehr viel größer geworden ist, hat das Sauerkraut als Sakuska besonders an Aktualität gewonnen. Knackig, nicht zu groß und nicht zu klein geschnitten, sondern genauso, wie es sein soll, gut mit Möhren angereichert – zum Wodka ist Sauerkraut ein wahrer Genuss!

Das Gleiche gilt auch für **eingelegte Pilze**. Die Russen bevorzugen Steinpilze, aber gut zum Einlegen sind auch Rotkappen, Birkenpilze, Röhrlinge, Butterpilze, Pfifferlinge und sogar bittere Täublinge und Kremplinge. Aber es taugen nur junge und absolut wurmfreie Pilze. Sie werden nach Arten sortiert, und dann kommt der schwierige Prozess des Einlegens. Um sich diese Mühen zu sparen, machen Sie besser einen Spaziergang ins Geschäft, wo viele durchsichtige Gläser mit kleinen, jungen eingelegten Pilzen auf Sie warten – und zwischen den Pilzen lugen Knoblauchzehen und Dillzweige hervor... Du hörst es fast, wie sie zwischen den Zähnen knacken! Und wenn dann noch weichgekochte Kartoffeln mit Sonnenblumenöl dazu kommen?..
Es gibt aber auch die alternative Ansicht, dass man zum Wodka ausschließlich **gesalzene Pilze** nehmen solle, so als wäre das eine für das andere geschaffen. Das stimmt sogar: so sind gesalzene Milchlinge zum Wodka der Klassiker überhaupt! Wir empfehlen Ihnen, beide Varianten auszuprobieren.

Zu Wodka ist auch **Speck** ganz wunderbar. Dieses kalorienreiche Produkt mit erhöhtem Fettgehalt war einfach dazu verurteilt, zu einer der besten Sakuskas zum Wodka zu werden – das Schweinefett verhindert das schnelle Eindringen des Alkohols in das Blut, und deswegen dauert es länger, bis der Rausch eintritt. Vom Nutzen des Specks weiß man schon lange und dazu wurde schon viel gesagt. Wir wollen nur darauf aufmerksam machen, wie schön der Speck anzusehen ist, wenn er gekonnt geschnitten auf dem zum Mahl gedeckten Tisch steht. Die Hand greift förmlich nach einem verlockenden Stück Speck, um es nach einem Glas ausreichend gekühlten Wodkas im Mund zergehen zu lassen!

Wir haben Ihnen eine ganze Reihe – unserer Meinung nach unersetzlicher – Sakuskas zum russischen Wodka empfohlen. Aber niemand wird Sie daran hindern, diese Liste zu erweitern und dabei der eigenen kulinarischen Phantasie freien Lauf zu lassen.

WIE MAN DEN WODKA RICHTIG TRINKT

Eine echt russische Tafelrunde ist undenkbar ohne Wodka, obwohl die Meinung, die Russen seien hoffungslose Säufer, die dieses Produkt maßlos nach dem Motto »Nach mir die Sintflut« konsumieren, nicht mehr als ein Klischee ist. Um ein Maximum an Freude am Wodka zu haben, muss man wissen, wie er getrunken wird, um im Laufe des Prozesses selbst in einem adäquaten Zustand zu bleiben und am nächsten Morgen ohne die für einen schweren Kater symptomatischen Kopfschmerzen aufzuwachen. Deshalb geben wir an dieser Stelle ein paar Empfehlungen.

VORBEREITUNG

Ungefähr eine Stunde vor der »Einnahme« von großen Alkoholdosen sollte irgendein heißes, kalorienreiches Gericht zu sich genommen werden. Das dort enthaltene Fett, das die Magenwände einhüllt, verlangsamt die Aufnahme des Alkohols und zögert damit den Moment hinaus, an dem der Rausch einsetzt. Es hilft auch, eine Stunde vorher 50 Milliliter Wodka zu sich zu nehmen, um, wie man so sagt, »die Leber anzukurbeln«.

DIE RICHTIGE TEMPERATUR

Der Wodka sollte vor dem Trinken eine Zeitlang im Kühlschrank gestanden haben (aber nicht im Gefrierfach!). Die Flasche sollte nur ganz wenig beschlagen sein, der Wodka nicht »überfroren«. Wenn möglich, achten Sie darauf, dass die Temperatur sich bei 8–10 Grad hält.

DOSIERUNG UND ART DER »EINNAHME«

Die physiologisch optimale Menge für die »Einzeldosis« an Wodka ist ein 50-Milliliter-Gläschen. Es sollte nicht daran genippt, sondern mit einem Schwung geleert werden. Die Technologie ist Folgende: zuerst tief ausatmen, dann Luftholen, dabei den Schluck nehmen, danach wieder ausatmen, um die Alkoholdämpfe loszuwerden.

Wenn möglich, sofort danach etwas essen. Das kann eine Gurke sein, die sich drei Leute teilen; man kann auch intensiv an einem Stückchen Brot riechen oder – wenn gar nichts anderes da ist – am Ärmel. Im Volk heißt Letztgenanntes »Manufaktur-Imbiss«. Es sei angemerkt, dass dies ausschließlich russisches Know-how ist: nirgendwo sonst, nur in unserem Land, wird nach dem Genuss von harten Sachen an irgendetwas gerochen… Aber hier handelt es sich bereits um höhere Gewalt – im Idealfall sollte man sich der vollwertigen Sakuska bedienen (s. oben).

ZEITLICHE ABFOLGE UND MAXIMALE TAGESDOSIS

Kenner empfehlen zwischen dem ersten und folgenden Glas eine Pause von drei Minuten, wobei sie die beliebte Devise »Zwischen dem ersten und dem zweiten ist das Päuschen kurz« zu Rate ziehen. Nach dem dritten Gläschen sollte eine weitere halbe Stunde vergehen oder, wenn es nötig ist, ganz mit dem Trinken aufgehört werden. Man sollte auf seinen Organismus hören: wenn der Signale gibt, dass weiterer Wodka nur schadet, dann ist es besser, aufzuhören und sich nicht als »großer Macker« aufzuspielen. In allem sollte Maß gehalten werden.

KATEGORISCH VERBOTEN!

Der Wodka sollte nicht warm und nicht zu kalt sein. Andernfalls steigt er sofort und gefährlich zu Kopfe.

Routiniers, die auf die eigene Erfahrung setzen, raten davon ab, den Wodka nachzuspülen, schon gar nicht mit kohlensäurehaltigen Getränken, weil die dort enthaltene Kohlensäure mit dem Alkohol in Konflikt gerät, was dem Organismus schadet.

Gewöhnlich wird ein hartes alkoholisches Getränk wie Wodka in einem engen Kreis von Männern getrunken. Deshalb wird sich wohl niemand grämen, wenn wir davor warnen, dass er mit stark zuckerhaltigen Dingen nicht vereinbar ist – der Grund sind biochemische Prozesse.

Auf keinen Fall darf Wodka mit Wasser verdünnt werden, und auch Eis hat im Wodka nichts zu suchen.

Trinken Sie ein biologisch aktives Getränk wie Wodka niemals aus Plastikbechern. In dem Plastik, aus dem sie hergestellt werden, befinden sich Polystyrol und Polypropylen als Stabilisatoren.

Wenn Sie mit Wodka angefangen haben, greifen Sie niemals zu anderen alkoholischen Getränken, denn eine der wichtigsten Regeln für fröhliche Runden lautet: »Beim Konsumieren von Spirituosen den Alkoholgehalt nur anheben« (nach dem Prinzip der Größe des Menschen – von klein nach groß). Bei Zuwiderhandeln erwartet Sie ein schwerer »Morgen danach«.

WENNS ZU VIEL GEWORDEN IST – WAS TUN BEI ÜBERDOSIS?

Wenn Sie in Gesellschaft einen über den Durst getrunken haben: bewegen Sie sich, tanzen Sie, aber gehen Sie im Winter auf keinen Fall »an die frische Luft«, denn das verstärkt den Rausch nur noch mehr.

Am nächsten Morgen hilft das klassische russische Anti-Kater-Mittel – die Salzlake – ganz bestimmt, die Gesundheit wieder in die Spur zu bringen. Dazu viel Mineralwasser trinken.
»Behandeln« Sie sich am nächsten Tag niemals mit Alkohol – das kann das Vorspiel zu einem ausgiebigen Dauersuff werden. Hilfe erweist heiße und sehr scharf gewürzte Nahrung (etwa Soljanka oder Chasch).

Also: Sie sind mit Kenntnissen gewappnet, nun können Sie zu den praktischen Übungen übergehen.

Vorwort
Sergej Gutzeit

Fotos
Wjatscheslaw Alferow, Alexej Babajew, Valentin Baranowski, Michail Fedjuk,
Leonid Gerkus, Alexander Iwanow, Artur Kirakosow, Denis Lasarew,
Wladimir Melnikow, Iwan Mentschikow, Viktor Ssawik

Lektoren
Irina Lwowa, Irina Charitonowa

Übersetzung
Susanne Brammerloh

Lektor der deutschen Übersetzung
Michael Barth

Computersatz
Swetlana Baschun

Farbkorrektur
Wjatscheslaw Bykowski, Wladimir Knjasew, Alexander Mjagkow

ИНТЕРНЕТ-МАГАЗИН: WWW.MVSADNIK.RU. Тел./факс (812) 309-59-61
Россия, 192029, Санкт-Петербург, пр. Обуховской Обороны, д. 95, корп. 2

Отпечатано в типографии ООО «ЛД-ПРИНТ»
196644, Санкт-Петербург, Колпинский р-н, пос. Саперный,
территория предприятия «Балтика», д. б/н, лит. Ф.
тел. (812) 462-83-83, e-mail: office@ldprint.ru Заказ № 12567